EL CAMINO DE SANTIAGO

Edición especial
para clientes de

FORUM
Filatélico

C/ José Abascal, 51 - (Edificio Forum) - Tel. 91 399 36 06 (30 líneas) - 28003 Madrid

EL CAMINO DE SANTIAGO

DE LOS PIRINEOS A FINISTERRE

LUIS AGROMAYOR

TEXTO Y FOTOS

Edición 1999

ISBN: 84-7906-345-9.
Depósito Legal: M-47.437-1998.

Avda. de Llano Castellano, 13.
28034 Madrid.

Preimpresión: Alef de Bronce, C.P.G, S. A.
Ercilla, 5. 28005 Madrid. Tel.: 91 517 44 80.
Impreso: Talleres Gráficos Peñalara.
Ctra. de Villaviciosa de Odón a Pinto, Km. 15.180.
Tels: 91 690 11 49 - 91 690 14 26.

DEDICATORIA

A Aymeric Picaud, que escribió en el siglo XII, con desmesura románica, la primera «Guía del Peregrino», precursora de nuestras modernas guías de viaje.

Veremundo de Irache, Domingo de la Calzada, Juan de Ortega y Lesmes de Burgos. Ayudaron en la Edad Media a hacer más fácil el Camino construyendo calzadas, puentes y hospitales.

Jean de Tournai y su amigo Guillaume, burgueses flamencos; contaron, en 1489, sus desventuras por Europa y España hasta llegar a Santiago.

Domenico Laffi, sacerdote boloñés, «el hombre que andaba despacito», a razón de unas cinco leguas por jornada. Nos ha legado un apasionante relato de su «Viaggio in Ponente a San Giacomo di Galizia», realizado en 1670.

Walter Starkie, escritor e hispanista irlandés. Como los antiguos trovadores, acompañado de su violín, anduvo numerosas veces, en los años cincuenta de este siglo, por la entonces «inédita» ruta jacobea, dando poético testimonio de sus pueblos y sus gentes.

Pierre Barret y Jean Noël Gurgand, periodistas franceses. Dejaron noticia de su caminar desde Vezelay hasta Santiago, en 1977. Con su libro «Priez por nous à Compostelle», encendieron el entusiasmo en toda Europa por las dormidas peregrinaciones.

Elías Valiña, párroco del Cebreiro, fallecido en 1989, y enterrado en el ábside del evangelio de su iglesia. Hombre vitalista, de inquebrantable fe, se dedicó en cuerpo y alma a investigar el fenómeno jacobeo. Llegó incluso a remover la tierra con maquinaria hasta dar con la auténtica calzada medieval.

Severino López Rodrigo, quien, tras correr varias veces la maratón de Nueva York, hizo como un paseo, a sus 65 años, el trayecto desde Roncesvalles hasta Compostela, en mayo de 1998.

María de la O González Amezúa, que nos acompañó en nuestro viaje.

Páginas anteriores:
Puente la Reina, donde confluyen el Camino Aragonés y el Camino Navarro. Desde aquí marcharán juntos hasta Compostela.

EL CAMINO DE SANTIAGO

UNA HISTORIA INMORTAL

Guiados por las estrellas, gentes venidas de todos los rincones del mundo siguen recorriendo en la actualidad el maravilloso Camino de Santiago, la vieja sirga peregrina que hollaron tantos pies antiguos. Desde los Pirineos a Compostela, al Finisterre de Galicia, la Vía Láctea de noche y el recorrido del sol en el firmamento durante el día, van marcando la dirección de su marcha. Les empuja la fe, la promesa a la que se ataron, pero también la curiosidad, el reto, el deseo de conocer nuevos pueblos y paisajes, de participar en "lo que se ha vuelto a poner de moda", a fines del siglo XX. *Unos hacen el trayecto a caballo, otros van en bicicleta; los más, ahora como entonces, avanzan lentamente, poniendo un pie detrás de otro, con mucha paz en el alma y alegría en el corazón. Pues, como dijo el poeta, "... se hace camino al andar". A su paso se despliega una magnífica y variada geografía, desde los verdes intensos de las montañas hasta los grises y amarillos desvaídos de las llanuras. Los monasterios, las catedrales, los santuarios, los puentes jalonan las etapas de su viaje. Duermen en los antiguos hospitales, en albergues, en fondas, comen lo que encuentran en los mesones, y, como los trovadores medievales, nunca desprecian un vaso de buen vino.*

Hace exactamente mil años, a finales del siglo IX, las tropas del caudillo moro Al-Mansur llegaban a Santiago de Compostela. La población había huido, escondiéndose en los bosques, presa de los justificados terrores del fin del milenio. La ciudad está completamente vacía cuando Al-Mansur entra en la catedral, dando de beber a su caballo en la pila de agua bendita. Luego, seguido de sus alféreces, se dirige a la cripta, el lugar más sagrado del templo, allí donde, al parecer, ocurrían hechos milagrosos. No encuentra nada, salvo a un anciano monje rezando ante un sarcófago de mármol blanco. Conmovido por la fe y el coraje de aquel hombre, le perdona la vida, respetando también el sepulcro. Destruye, sin embargo, el templo y la ciudad entera, como era su costumbre. Las campanas de la catedral, a hombros de los más forzudos prisioneros cristianos serán transportadas hasta Córdoba, donde servirán como lámparas e incensarios en la gran mezquita.

Al-Mansur, en su brutal precipitación, en su oriental y extraña generosidad, había respetado, sin saberlo, lo único importante que existía en la ciudad: aquel arca marmórea conservaba los restos del Apóstol Santiago. Con la muerte del caudillo moro, en 1002, durante la batalla de Calatañazor, y la de su hijo, en 1008, una brisa de esperanza comenzó a soplar sobre los acosados reinos cristianos del norte de la Península. Mientras la dinastía Omeya se hace añicos en la Córdoba musulmana, la Reconquista avanza. Aragón y Navarra ensanchan sus territorios hasta el Ebro y la sierra de la Demanda. Castilla y León van a crear una línea defensiva de fortalezas en el valle del Duero. Vuelven a cobrar impulso los intercambios económicos y culturales, florece un nuevo estilo artístico, el románico, propiciado por la Orden de Cluny. Compostela resurge de sus cenizas. Se cierra la ciudad con una muralla y un castillo. Comienzan las obras de la espléndida catedral románica, se alzan numerosos conventos, iglesias y hospitales para dar cobijo a los peregrinos que han vuelto a llegar de nuevo, ahora a millares, desde todos los confines de Europa.

Peregrinos alemanes en Rabé de las Calzadas (Burgos).

Página anterior: *Compostela. Santiago peregrino en el Colegio de San Jerónimo.*

De todos los rincones de Europa parten los peregrinos durante la Edad Media. Se reúnen en la parroquia de sus pueblos y aldeas donde reciben la bendición del cura y los certificados pertinentes a su nueva condición. Suelen ir en grupos para ayudarse y protegerse en la terrible aventura. Parten cuando comienza el buen tiempo, al inicio de la primavera, para regresar, si Dios lo quiere, después de la vendimia, con los primeros fríos del invierno. Se dan cita en los grandes santuarios franceses de San Martín de Tours, Santa Magdalena de Vezelay, Nuestra Señora del Puy, y San Trófimo de Arles. Después entrarán en la Península cruzando los Pirineos. Les empuja la idea de la salvación, la promesa a la que se ataron en su día, que debe ser mantenida a cualquier precio. Aunque los señores van a caballo, seguidos a veces de un numeroso séquito, la peregrinación suele hacerse a pie.

Para los pobres caminantes, los peligros del viaje son muchos. En primer lugar, la situación política de los distintos reinos hace difícil el tránsito por determinadas comarcas. Los peregrinos que entran en España a comienzos del siglo XI, dudan si seguir el camino del interior, en el cual pesa la amenaza de los moros, o tomar la ruta del Cantábrico, subiendo y bajando montañas cortadas a pico sobre el mar.

El Camino de Santiago en primavera, cerca de Eunate (Navarra).

A los posibles ataques de los musulmanes en las fronteras de los reinos cristianos, de los vikingos en las costas, se suma la presencia de los bandoleros en las comarcas desoladas y montuosas, de los embaucadores y ladrones en las grandes ciudades. La lluvia, el granizo, la nieve, los desbordamientos de los ríos les dificultan la marcha. Las enfermedades, las heridas, las aguas buenas y malas para beber, las comidas extrañas y picantes... A todo ello había que añadir el posible ataque de los animales y fieras salvajes. De los osos en el Pirineo y en las montañas astur-leonesas, de los perros que guardaban los sembrados, de las camadas de lobos hambrientos que merodeaban a lo largo de todo el trayecto. Y también de las nubes de langosta que asolaban las cosechas de la Tierra de Campos.

La confianza en el Salvador y su Apóstol, el deseo de redimir las culpas, la fe ruda y hermosa del peregrino medieval les llevará a enfrentarse sin temor a cuantos peligros surgieran. Y si la situación llegase a ser realmente alarmante, se entonará, a voz en cue-

Los peregrinos utilizaban las calzadas y los puentes romanos en sus trayectos por Castilla y León.

llo, las emocionantes estrofas del canto del Ultreia: "... *e Ultreia, e su eia; Deus, aia nos*" (adelante, arriba, Dios nos ayuda).

El primitivo Camino entraba en la Península por Irún y Hondarribia, transcurriendo paralelo a la costa en Cantabria y Asturias. Tras venerar en Oviedo las reliquias de la Cámara Santa, se alcanzaba Galicia en Ribadeo, bajando por Lugo hasta Santiago. Los romeros procedentes del norte de Europa, de Inglaterra, Irlanda y Escocia hacían el viaje en barco, recalando en las dulces rías gallegas.

El rey Sancho el Mayor de Navarra, a principios del siglo XI, consciente de la importancia que iban cobrando las peregrinaciones, decidió asegurar el Camino que atravesaba los Pirineos por Somport y Roncesvalles. Facilitó su paso por Pamplona, Estella, Nájera y Logroño, hasta cruzar los desiertos Montes de Oca y llegar a Burgos. Alfonso VI de Castilla le seguirá en su política, prolongando la ruta por Carrión, Sahagún, León y Ponferrada hasta Galicia. Más fácil, cómoda y segura,

Santiago peregrino. Portada románica de la iglesia de Santa Marta de Tera (Zamora).

será utilizada enseguida por numerosos romeros alemanes, flamencos, austríacos, italianos..., aunque la mayoría serán franceses. Es el clásico "Camino Francés" a Compostela, que vamos a recorrer también nosotros.

A su vera florecerá el arte románico, en un rosario de abadías, conventos, castillos, iglesias, puentes y hospitales. Sus cánones arquitectónicos van a ser tan rotundos, sencillos y hermosos que parecen haber atrapado la idea de la Divinidad: arcos de medio punto, bóvedas de cañón, torres que se disparan hacia el cielo... En el siglo XII, coincidiendo con la plenitud del románico y de las peregrinaciones, el papa Calixto II crea la institución del Año Santo Jacobeo. Sus prerrogativas espirituales se extenderán a aquellos que visiten la basílica compostelana los años en que el 25 de julio, festividad del Apóstol, coincida en domingo.

La iconografía jacobea ha recogido el atuendo del peregrino de Santiago. Llevaba un *gran sombrero de ala ancha* para protegerse del sol y la lluvia; un *manteo, con esclavina* posteriormente,

Santiago peregrino en la Puerta Santa de la catedral de Compostela. Le acompañan sus discípulos Teodoro y Anastasio.

o abrigo pardo de lana, para defenderse del frío; un *calzado fuerte,* si era posible botas de piel vuelta de ciervo, para caminar cientos de leguas; *una alforja,* para llevar los alimentos, algo de ropa y los pasaportes, y el *bordón,* que le servía de ayuda y defensa. Este último era una gruesa garrota de dos metros de altura, con un pomo en la parte superior, para apoyarse, y una afilada punta de hierro abajo, utilizada a veces para repeler los ataques de los lobos. De un ganchito colgaba *la calabaza,* llena de agua de alguna fuente, o mejor, en algún mesón de vino. Al regreso del viaje, las *conchas veneras* de las rías adornaban los sombreros, los zurrones y el traje. Era una especie de certificado de que se había llegado hasta el final.

Por esto, a los peregrinos de Santiago se les denominaba *concheiros,* así como los que volvían de los Santos Lugares eran conocidos como *palmeiros,* pues traían las palmas de Jericó. A los que iban a Roma se les decía *romeros,* término que pasó luego a generalizarse.

La Epístola del Papa León *explica cómo el cuerpo de Santiago fue llevado por los aires y conducido hacia el sol. Acababa de arribar a las costas de Galicia.*

Los primeros peregrinos habían comenzado a aparecer en Santiago, de forma aislada, poco después del descubrimiento del Sepulcro, hacia el año 834. Cuentan las historias que un santo ermitaño, llamado Pelagio, se sorprendió de las extrañas luces que había en el cielo, y una noche de primavera creyó ver que las estrellas caían sobre la tierra, en una colina cercana al lugar donde estaba rezando. Como el prodigio se repitió varias veces, Pelagio decidió dar cuenta de todo ello en la vecina aldea de San Fiz de Solovio. Sus vecinos, intrigados también por las luminarias, acordaron remover la tierra en el lugar indicado por las señales del cielo. Era un antiguo cementerio romano y celta de una ciudad que fue abandonada tras la invasión de los bárbaros. Avisado el obispo Teodomiro, titular de la diócesis, Iria Flavia, después de tres días de ayuno y meditación, decidió abrir el sepulcro, encontrando en él los restos incorruptos de un hombre envuelto en un sudario con el símbolo del Pez. No dudó en identificarlos como pertenecientes al Apóstol Santiago, quien, según la tradición, había predicado en España.

Urna de plata que contiene los restos del Apóstol Santiago en la catedral de Compostela.

Se levantó una capilla para cobijar el milagroso hallazgo, visitado, al poco tiempo, por el rey Alfonso II el Casto. A su alrededor fue creciendo lentamente una ciudad, que con el paso del tiempo alcanzaría renombre universal, atrayendo más peregrinos que Roma y Jerusalén. La etimología de Compostela deriva, al parecer, de *compositum tellus,* cementerio, pues éste fue el lugar del prodigio. Se ha dicho también, que Compostela significa "la bien compuesta, la bien hecha", no dudando otros en afirmar poéticamente que Santiago se edificó sobre el "Campo de Estrellas" que viera el santo ermitaño.

La estrella, la urna y la vieira, en el escudo de Santiago. Catedral de Compostela.

La "Epístola del Papa León", escrita a fines del siglo IX, nos explica el traslado milagroso del cuerpo del Apóstol Santiago desde Jerusalén, donde había sido degollado por Herodes, hasta España. Navegando siete días, los discípulos habían llegado con él hasta un lugar llamado Bristia, en la desembocadura del Sar y del Ulla. Allí, el cuerpo del Apóstol es llevado por los aires y conducido hacia el sol. Los discípulos lo buscan denodadamente hasta que lo encuentran bajo un monumento de arcos marmóreos.

Combate de Ángeles y Dragones. Capitel románico. Colegiata de Santillana del Mar (Cantabria).

La versión posterior, plenamente románica, va a ser más divertida, pues interviene una malvada reina llamada Lupa, que pone mil obstáculos a los sencillos planes de los discípulos de Santiago. Les encarcela, lanza contra ellos toros salvajes y dragones que lanzan fuego por la boca. Todo con poco éxito, pues al final se arrepiente convirtiéndose al cristianismo.

Los cuentos y leyendas florecen en la sirga medieval jacobea. Recopilados en santorales, códices y libros de horas, serán cantados por los trovadores en las plazas de los pueblos. Ingenuos, poéticos y delicados, siempre llevan consigo una explicación milagrosa de los hechos o bien una enseñanza. En Triacastela, una mujer que tenía un pan en el horno no quiere compartirlo con el viajero y niega su existencia. "¡Ojalá que tu pan se convierta en piedra!", exclama éste; lo que inmediatamente sucede. En otra ocasión Santiago lleva en su caballo un romero que se había quedado atrás por atender a un compañero moribundo. También hace cantar, en Santo Domingo de la Calzada, a

Lucha de Roldán y Ferragut. Capitel románico del Palacio Real de Estella (Navarra).

un gallo y una gallina asados, para testificar la inocencia de un peregrino.

Proveniente de arcanos mitos y tradiciones, aparece por primera vez en la historia de España un refulgente caballero sobre un blanco corcel con flamígera espada, fuerza y destreza inigualables. Lucha al lado de las tropas cristianas en Clavijo, dándoles la victoria.

Cuando el Emperador Carlomagno va a morir, su alma le es arrebatada al Diablo, en el último momento, por Santiago, quien hace valer las muchas iglesias levantadas en el Camino. El paladín de la cristiandad había escrito su pecado en un pergamino que enrolla y lleva a Compostela. Allí llora arrepentido y la tinta se hace invisible. En Nájera, Roldán, el sobrino predilecto del emperador, vence en desigual combate al gigante Ferragut, que sólo era vulnerable en el ombligo. Pero la desgracia se cierne sobre los ejércitos francos en Roncesvalles, cayendo la flor y nata de la caballería andante. Once mil vírgenes bajadas del cielo acompañarán al Emperador en su retirada.

Santiago Caballero en el tímpano de su iglesia en Betanzos (A Coruña).

La *Crónica del Cid* reseña los sucesos acaecidos en la ciudad de Coimbra, que había sido tomada por el terrible Almanzor. Hacia el año 1064, Coimbra envía al rey Fernando I de León y Castilla una embajada presidida por un audaz mozalbete llamado Rodrigo Díaz de Vivar, que con el tiempo acabaría convirtiéndose en el legendario Cid Campeador. Varios días tuvo que aguardar Rodrigo a que el monarca se dignase recibirle en la corte de León, pues allí todo el mundo andaba entusiasmado con las milagrosas reliquias de San Isidoro, recién traídas desde Sevilla, y hacía mil propósitos de cómo levantar para ellas un fastuoso templo. Por fin, Fernando I recibe a Rodrigo en audiencia, y, queriendo refrenar su ímpetu juvenil, le aconseja peregrinar a Compostela. Hízolo así, y allí, ayudado por el cabildo de la catedral, levanta un gran ejército dispuesto a marchar hacia el sur y combatir al infiel.

Poco antes había llegado a Santiago en peregrinación un obispo griego que se llamaba Estiano y tenía fama de ser un hombre santo, comedido y rezador. Tenía tanta devoción como años,

Coimbra. Tejados de la ciudad antigua, con la torre de la catedral.

así que, pensando en el largo viaje de vuelta, decidió quedarse. Veneraba las reliquias del Apóstol, meditaba y oraba mucho, hablaba poco. Le habían habilitado una capilla en la catedral, donde pasaba la mayor parte del día. Asombrado por el ambiente guerrero de la ciudad desde la llegada de Rodrigo Díaz de Vivar, y al ver las primeras representaciones del Apóstol a caballo, con bandera y espada, dijo a los que se proponían unirse a la cruzada: "Santiago nunca ha sido caballero, fue un pescador del mar de Galilea, como Cristo". Pero esa noche, en sueños, se le aparece el Apóstol y le anuncia la toma de Coimbra por los moros, mostrándole las llaves relucientes de la ciudad. Al despertar, el bueno del obispo griego convoca, sobresaltado, al cabildo de la catedral y les comunica el sueño. Estiano tenía fama de oráculo, y su profecía se cumplió unos días después. Los juglares de siglos posteriores gustaban de adornar la toma de Coimbra, engrandeciéndola, y relataban cómo Rodrigo Díaz de Vivar fue allí armado caballero.

Cruz de la Orden de Santiago, en la sede de su palacio-convento de San Marcos de León.

Imagen de Santiago que armaba caballeros. Monasterio de las Huelgas (Burgos).

En el monasterio de las Huelgas de Burgos existe una capilla morisca que custodia una imagen articulada de Santiago, con una espada en su mano derecha. Mediante un movimiento mecánico del brazo, esta espada bajaba, sirviendo así para "dar el espaldarazo" o armar caballeros a personajes de alta alcurnia. El aspirante, vestido con una túnica blanca y alumbrado tan sólo por la luz de una vela, debía pasarse la noche entera en ayunas, sin dormir, meditando y rezando. De ahí vienen las expresiones de uso corriente como "pasarse la noche en blanco" y "pasarse la noche en vela".

Si los primeros cristianos, en las catacumbas, se identificaban con un pez, el transcurso de la historia, tras la caída del Imperio Romano y su toma del poder temporal, les haría buscar en la cruz el nuevo símbolo. La cruz que es a la vez espada sería el emblema de los Caballeros de Santiago, creados tras la toma de Alcántara en 1167. Su misión era defender a los peregrinos, combatir en las batallas, rezar por toda la Iglesia Cristiana, pues, como es sabido, eran mitad monjes y mitad soldados. Tuvieron sus sedes principales en San Marcos de León y Uclés. Otras órdenes militares que campearon por las tierras de España durante la Edad Media fueron las de Calatrava, Alcántara, San Juan y del Temple. Su poder político y económico llegó a ser tan fuerte, que, al llegar la Edad Moderna, los Reyes Católicos asumieron la dirección o maestrazgo de todas ellas.

Los Templarios, fundados en Francia el año 1118 por Hugues de Payns, se habían asentado en la Península Ibérica en los puntos clave de su geografía: en los vados de los ríos, en los desfiladeros, cerca de antiguas explotaciones auríferas romanas, junto a

Castillo templario de Almourol, que vigilaba el paso del río Tajo.

remotos santuarios paganos, buscando, por un lado la prosperidad económica de la Orden y por el otro las huellas vivas de la antigua tradición, aquellos resortes culturales que les llevarían a profundizar en su propia teoría del Conocimiento. Sus saberes ocultos corrían de forma paralela, pero libre, a la ortodoxia impuesta por la Iglesia de Roma. Alcanzaron tanto poder material y espiritual que fueron disueltos en el Concilio de Vienne, el año 1307, pasando en España sus bienes a la Orden de San Juan, y en Portugal a la Orden de Cristo, que fue su heredera directa.

Estella. Portada de la iglesia del Santo Sepulcro.

Durante la Edad Media, la Europa Cristiana, respira unos mismos aires de fe y esperanza. El que sabe latín puede llegar a cualquier parte. Por el Camino de Santiago van, en una y otra dirección, los escultores, los arquitectos, los juglares, los caballeros, los peregrinos... El Maestro Esteban, autor de la puerta de las Platerías compostelana, deja su huella también en San Isidoro de León y en la seo románica de Pamplona. Los arquitectos Maese Enríquez, que posiblemente fuera francés, y Juan Pérez, castellano, trabajan al mismo tiempo en las catedrales de Burgos y León. Los maestros Valdovín y Anequín realizan y montan vidrieras en España y Francia... El mundo está pautado por el anhelo indiscutible de la belleza, y el Camino es como un gigantesco friso medieval de una humanidad creyente, a la que el Salvador ha abierto las puertas del cielo.

Catedral de León. Friso de la puerta del Juicio Final. Monstruos infernales someten a tormento a los condenados.

En la preciosa fachada gótica del Santo Sepulcro de Estella, Cristo saca a los patriarcas de la boca de un monstruo inverosímil, que simboliza el infierno. Sobre la hermosura de la Virgen Blanca, que preside la puerta mayor de la catedral de León, corre una banda prodigiosamente labrada, llena de deliciosas figuritas a modo de los "cómics" de aquel tiempo. Representa los claroscuros de la sociedad medieval, dominada por las verdades inamovibles de la Iglesia de Roma. A un lado, las almas que llegan al paraíso, son acompañadas beatíficamente por santos, patriarcas y reyes, mientras los ángeles tocan diversos instrumentos. Al otro, los desgraciados cuyas obras malas pesaron más que las buenas, van a ser arrojados a las calderas de agua hirviendo por unos repugnantes monstruos.

La Orden de Cluny tendrá un papel importante en las peregrinaciones. Bajo sus auspicios se escribe el "Liber Sancti Jacobi", más conocido por el "Codex Calixtinus" o "Códice Calixtino". Su nombre proviene de una carta del Pontífice Calixto II, que sirve de prólogo o introducción al tratado; carta al parecer apócrifa. Los cuatro primeros libros relatan los milagros del Apóstol Santiago, la historia de su evangelización por tierras hispánicas, la descripción de la llegada de su cuerpo a Galicia, así como la legendaria historia de Carlomagno, conocida como "Pseudo-Turpín". El Libro V es la

Puente medieval sobre el río Aragón, cerca de Jaca. Según Aymeric Picaud, sus aguas eran buenas.

"Guía del Peregrino", escrita al parecer en la segunda o tercera década del siglo XII, imperando en León Alfonso VII, siendo rey de Aragón Alfonso I el Batallador y arzobispo de Compostela el legendario Diego Gelmírez. Una guía sensacional, utilísima, que vio la luz hace casi novecientos años, antes de que apareciese el Cantar del Mio Cid.

Su autor es Aymeric Picaud, un cura del Poitou, que anduvo por Compostela varias veces, llegando también hasta Jerusalén. En el capítulo I de la guía, se nos informa de los caminos que desde Europa conducen a Galicia. Después pasa a exponer las etapas del trayecto, ya en territorio español, describiendo, con desmesura románica, las montañas, las llanuras, los ríos, las gentes que encuentra a su paso.

La guía está escrita con un criterio funcional que nada tiene que envidiar a las actuales. La enumeración de las rutas, jornadas, pueblos y ciudades se ha hecho "de forma que los peregrinos que marchan a Santiago tengan en cuenta con estas noticias

Puente medieval sobre el río Salado, cerca de Lorca. Sus aguas siguen estando tan contaminadas como en tiempos de Aymeric Picaud.

los gastos necesarios para sus viajes". Previene en ella de los peligros que puede correr el viajero: barqueros abusivos que transportan más gente de la debida, aduaneros corruptos, mesoneros ladrones, paisanos poco de fiar... Se nombran personajes que repararon la calzada, hospitales, santuarios y reliquias. También tiene la guía su parte gastronómica, citando la calidad de los vinos y advirtiendo al viajero sobre algunos alimentos que, como las anguilas, "sólo podrán soportar los más fuertes o aquellos que estén acostumbrados al país". Divide las aguas de los ríos en buenas y malas y nos relata, para que sirva de escarmiento, un singular episodio sucedido entre Puente la Reina y Estella: "Por el lugar que llaman Llorca, en su parte oriental, pasa un río que se llama Salado. Allí guárdate de beber ni tú ni tu caballo, pues su agua da la muerte". Engañados por dos paisanos que estaban afilando sus navajas "abrevamos en ella a nuestros caballos y enseguida murieron dos de ellos, que inmediatamente aquéllos desollaron".

El arte islámico pasó al mundo judío y cristiano. Sinagoga Mayor de Toledo.

También para el viajero curioso el mundo se abría de par en par. Los campos, las ciudades, las gentes que encontraba a su paso iban dejando huella en su alma. Y entonces se preguntaba el porqué de muchas cosas. La España medieval, en la que convivían cristianos, moros y judíos, constituía el foco cultural más importante de Europa. Hasta aquí habían llegado, a través del califato de Córdoba, los saberes clásicos de la antigüedad.

Goldescalco, obispo del Puy, el primero de los peregrinos ilustres, que emprende su viaje hacia el año 951, estaba muy interesado en conocer las obras de la iglesia hispana. En el monasterio riojano de Albelda solicitó que se hiciera una copia del "Tratado sobre la Virginidad de María", escrito por San Ildefonso de Toledo. El caballero alemán Arnold von Harff, que viene a Compostela en 1499, tras un largo periplo por toda Europa, El Cairo y los Santos Lugares, deja constancia de que los motivos de su viaje son salvar su alma, en primer lugar, pero también "conocer las ciudades y países, las costumbres de los pueblos".

Los judíos detentaban en la Edad Media los saberes ocultos, las ciencias experimentales. Laboratorio de alquimia en el Museo de Farmacia de Madrid.

El más conocido de los libreros parisinos, Nicolás Flamel, toma el camino de Compostela en 1378. Junto a su equipaje lleva en las alforjas el misterioso libro del iniciado Abraham el Judío. No sabemos si llegó a Santiago, pero sí que pasó la mayor parte del tiempo en León, en casa de un maestro cabalista.

La aventura es difícil. Jean de Tornai, mercader flamenco, y su compañero el burgués Guillaume, inician la marcha a finales del verano de 1488. Son personajes acomodados que llevan una buena bolsa para pagar las comidas y los alojamientos. Así y todo, pasan grandes calamidades. Una manada de lobos les sigue, aullando, por los espesos robledales de los montes de Oca. En la subida al monte Cebreiro, a la entrada de Galicia, les sorprende una tormenta que les deja casi enterrados en la nieve, y deben ayudarse tirando con el bordón el uno del otro. Pero lo peor será, quizá, las frecuentes crecidas de los ríos en los meses de invierno y primavera. "A la salida del pueblo –escriben en su diario–, hemos preguntado por el camino para ir a León, y se nos ha dicho que

Nave del crucero de la catedral compostelana.
El «botafumeiro» es un enorme incensario que servía para purificar el ambiente, cargado por el olor de cientos de romeros.

era preciso cruzar el río. Nadie nos quiso ayudar a pasarlo. Entonces nos encomendamos a Dios, a la Virgen María, a todos los benditos santos y santas del Paraíso, y persignándonos nos metimos en la corriente. Los paisanos nos decían: ¡Pobres peregrinos, retornad al hospital! ¡Es ya muy tarde y si no conocéis el paso os vais a ahogar!..."

Se comprende que la edificación de puentes fuera "agradable a Dios y útil para la posteridad". Desde el siglo XI, magníficas obras de ingeniería cruzan los caudales de agua más importantes, generalmente construidas a costa del presupuesto de las ciudades o del patrimonio real. Algunos de estos ejemplares han llegado intactos hasta nosotros: Jaca, Yesa, Pamplona, Puente la Reina, Lorca, Cirauqui, Estella, Itero del Castillo, Puente de Órbigo... Los iremos viendo a lo largo del libro.

Junto a los puentes, los hospitales de peregrinos fueron instituciones caritativas construidas a costa de la Corona, Órdenes Militares y religiosas. Aquí se daba alojamiento gratuito durante un número determinado de días a los caminantes, proporcionándoles alimento y cama, así como las medicinas y cuidados necesarios para sus heridas y enfermedades.

Las fatigas, los sinsabores, las aventuras, los cientos de leguas recorridas por los peregrinos desaparecían, como por ensalmo, al llegar a Compostela, la ciudad soñada. Allí les estaban esperando el Salvador y el Apóstol Santiago, rodeados de los santos, los profetas, los patriarcas. En la dulzura de sus rostros se adivinaba la comprensión y el perdón.

Página siguiente:
El maravilloso Santiago Peregrino del Pórtico de la Gloria, obra del Maestro Mateo.

AGE Fotostock

EL CAMINO DE SANTIAGO EN

ARAGÓN

Cuatro son los Caminos de Santiago que atraviesan Francia. Los tres primeros cruzan el país recogiendo a los peregrinos que vienen del Norte y del Occidente de Europa, de Bélgica, Alemania, Dinamarca, Suecia, Polonia... Tras pasar por los santuarios de Tours, Vezelay y Le Puy, se unen en Ostabat, en la "Basse Navarre", muy cerca ya de los Pirineos. Otra ruta, que transcurre más al sur, será la utilizada por los romeros del Este de Europa, de Italia, Austria, Croacia, Rumania, Grecia... Dejando atrás Arles y Toulouse, iniciarán la ascensión de los Pirineos por el difícil puerto de Somport. Es la "Vía Tolosana o Camino Aragonés". Por aquí entrarían, junto con innumerables romeros, las influencias artísticas clásicas, el estilo "románico lombardo", los trovadores provenzales que colmarán de leyendas y poesía el alma ruda del hombre medieval.

Jaca es la primera ciudad importante que encuentra el peregrino, tras su descenso del puerto, junto al bullicioso río Aragón, que salta entre cascadas. Le impresiona el airoso puente románico de San Miguel, y la catedral, del siglo XI. Ramiro I, hijo bastardo de Sancho el Mayor, sería el impulsor del templo, planeando la estructura que debía tener: "Que su cubierta sea de piedra, en forma de bóveda en sus tres naves, desde la puerta mayor hasta los detalles de la cabecera. Que tenga una torre sobre la puerta principal para ocho campanas..." La magnificencia con que fue concebido el edificio ha inducido a creer que estaría dedicado a custodiar una reliquia importante como el Santo Grial.

El peregrino, partiendo de Jaca, llega al idílico valle de Santa Cruz de la Serós, desviándose un par de leguas del Camino. Era una costumbre antigua, seguida por muchos romeros, el visitar cuantos monasterios y reliquias estuvieran cerca de su itinerario. Las indulgencias conseguidas enriquecían su alma, a la par que la experiencia fortalecía su espíritu. Tras visitar la abadía benedictina, que fue lugar de retiro y clausura de las hijas de los reyes, el peregrino emprende la difícil subida, entre pinares, hasta el maravilloso enclave de San Juan de la Peña.

El cenobio primitivo, que custodió en la Edad Media el Santo Grial, se esconde bajo un enorme peñasco rojizo, incrustando sus ábsides en la montaña. Es un conjunto de dos plantas o conventos superpuestos. En el inferior está la Sala del Concilio, del siglo XI, mediante el cual Sancho el Mayor logró introducir en España la reforma de Cluny. El templo superior se encuentra al mismo nivel que el claustro abierto, una sinfonía de arcos románicos cobijados en una hendidura de la peña, sin apoyos ni bóvedas. Las bellísimas esculturas de los capiteles representan escenas de la historia sagrada, desde la Creación del Hombre hasta la Resurrección de Cristo. "Es asombroso pensar, que debajo de esta roca amenazante, en este lugar solitario –nos cuenta Walter Starkie–, se levantaran tantos edificios, porque eran muchos más que los que hoy perduran; estaban las celdas de los monjes, dos casas para el abad y los huéspedes, archivos, biblioteca, enfermería y un jardín con una fuente que todavía existe".

Después de Puente la Reina de Jaca, el Camino transcurre bordeando el embalse de Yesa, cruzando pueblos en ruinas, como Esco y Tiermas, que vieron desaparecer sus fértiles huertas regadas por el Aragón. Antes de llegar a Sangüesa, ya en tierras navarras, el peregrino sube a deleitarse con la preciosa villa medieval de Sos del Rey Católico.

Perspectiva del Pirineo subiendo el puerto de Somport, por la vertiente francesa.

Los peregrinos que venían del este de Europa, de la Tolosa francesa, de Arles y de Italia, para entrar en el reino de Aragón, tenían que ascender el llamado *Portus Asperus* o **Somport** –el Sumo Puerto–, de 1.631 metros de altura. Preferían hacer noche en el lugar de **Borce,** en la vertiente francesa, para iniciar desde aquí, antes del alba, su fatigosa jornada que les llevaría hasta Jaca. Un paisaje impresionante de altos picachos nevados de más de 3.000 metros les acompañaba hasta la famosa *Hospedería y Hospital de Santa Cristina de Somport,* donde descansaban los enfermos y heridos. Hay un hecho milagroso que marcó el naci-

Perspectiva del Pirineo bajando el puerto de Somport, por la vertiente española.

miento de este hospital, regentado por los padres dominicos, del que tan sólo restan ahora algunos vestigios de sus muros. Cuentan que dos poderosos caballeros, peregrinos de Santiago, se perdieron por estos parajes en una noche de ventisca y nieve. Tras vagar por la oscuridad y refugiarse en una cabaña de pastores, pensaron poner fin a tanta desventura. A la mañana siguiente amaneció un día soleado, radiante. Y entre el fulgor de la nieve, una paloma blanca, que llevaba en el pico una cruz de oro, les fue guiando entre los arbustos de boj hasta el lugar donde harían la caritativa y famosa fundación.

Vista general del macizo de los Prineos y de la comarca de la Jacetania.

Por tierras rojizas, siguiendo el curso del río Aragón, y cruzándolo en diversos puentes, se llega hasta **Canfranc** –el Campo de los Francos– donde radicaba hasta hace muy pocos años el control de la frontera. En 1170, Alfonso II de Aragón concedió a sus habitantes autoridad para el cobro del portazgo.

El paisaje actual está transformado por las pistas de esquí de Candanchú y Astún, y toda el área acoge numerosas instalaciones turísticas para los que practican el deporte blanco. Se conserva, casi sin tráfico, la magnífica estación internacional de ferrocarril, construida en 1928, al estilo de las mayores de Europa.

Jaca. El magnífico puente medieval de peregrinos salta sobre el río Aragón.

Dejando atrás Canfranc, el camino descendía entre abetos hasta el río Aragón, salvado por un pequeño puente romano. Después de pasar por **Villanúa, Arruej** y **Castiello de Jaca,** se llegaba hasta el Lazareto de San Esteban, poco antes de entrar en la ciudad.

Jaca, con aires de encantadora capital de provincia, es uno de los lugares más agradables de todo el recorrido. Final de la primera etapa de la *Guía Calixtina* (Borce-Jaca), fue siempre lugar fortificado y hospitalario. Alma y cuna del Condado de Aragón desde que Ramiro I, hijo bastardo de Sancho el Mayor de Navarra, insta-

Jaca. Crismón en la portada mayor de la catedral.

lara aquí su corte en el siglo XI. Convertida en ciudad por Sancho Ramírez, hacia 1076, sus pobladores gozaron de un estatuto de inocencia, libertad y franquicia. Es el famoso Fuero de Jaca, que serviría como modelo a otros poblados libres como Sangüesa y Estella.

El Camino entraba en el núcleo medieval, tras atravesar el Burgo Novo, por la puerta de San Pedro, que conducía a la catedral. Aquí, los peregrinos, tras dar gracias a Dios por encontrarse en lugar seguro, buscaban el descanso en los hospitales dedicados a San Pedro y Santa Orosia, a San Juan Bautista y al Sancti Spiritus.

La *catedral,* escondida entre el laberinto de callecitas y soportales de la zona antigua, es un imponente edificio románico de finales del siglo XI. Al no terminarse las torres, presenta un aspecto macizo, compacto, rudo, como de una sola pieza. La fachada sur lleva un pórtico con columnas y capiteles de primorosa labra. En la puerta mayor, bajo el tímpano fuertemente abocinado, aparece el enigmático Crismón, en medio de dos leones. Es la imagen de la Trinidad, según una inscripción, del sol de la justicia, del principio y del fin. Los leones, esculpidos en las puertas de

Página anterior: *La seo, de estructura románica, se adorna con un órgano barroco en el ábside.*

las fortalezas, desde Micenas, simbolizan aquí a un Cristo "bueno y terrible al mismo tiempo", como diría San Jerónimo.

Este Crismón, que debió de estar policromado, suele ser atribuido al primer Maestro de Jaca, quien planificó la estructura del templo según planos basilicales y realizó algunos de los capiteles de su interior. En ellos aparecen hombrecillos atribulados por las serpientes, símbolo de la lujuria, o entregados a ellas.

El áspero exterior medieval de la catedral de Jaca tiene un llamativo contrapunto en su interior. Armonía, suntuosidad y equilibrio son las notas más llamativas de un amplio espacio argumentado en tres naves. Pilastras y columnas de cadencia clásica se alternan, recordando algunos templos románicos del Mediodía francés. No en vano, muchos de los peregrinos que cruzaban Somport llegaban de Provenza, así como de la Lombardía italiana. Debido al traslado de la corte de Jaca a Huesca, a finales del siglo XI, y con ello del favor real, las obras proyectadas para cubrir el templo con bóveda de medio punto no se realizaron, montándose una techumbre de madera. Muchos años después, en el siglo XVI, al gusto de la época, se instalaría una bóveda florida y fantasiosa.

Catedral de Jaca. Exterior del ábside, fachada meridional y torre de las campanas, que nunca llegó a alcanzar la altura proyectada.

Jaca. La ciudadela militar tiene cuatro siglos de historia.

La ciudadela, el segundo edificio más notable de la ciudad, es una gigantesca construcción pentagonal en forma de estrella, rodeada de un profundo foso, ahora sin agua. Las obras comenzarían a finales del siglo XVI, reinando Felipe II, prolongándose quince años después. Está asentada en una meseta –dominando la población y el paso de los puertos–, sobre el profundo y turbulento cauce del Aragón. Río que los peregrinos debían cruzar por el precioso *puente de San Miguel,* alarde de la ingeniería medieval, que junto con el que veremos en Puente la Reina, constituye una de las joyas de todo el Camino.

Según cuentan las historias, San Francisco de Asís, uno de los romeros más famosos, llegó hasta Jaca, haciendo una fundación. Los conventos franciscanos de la ruta de Compostela buscan su timbre de gloria en el paso del "poverello", aunque éste de Jaca no se construiría hasta veinte años después de su posible estancia.

Los reyes de Francia tenían costumbre de detenerse en la ciudad, organizándose en su honor torneos y festejos. Las crónicas medievales recuerdan la estancia de Luis VII, en el año 1154, siendo agasajado por el príncipe de Aragón Ramón Berenguer.

Santa Cruz de la Serós es un delicioso enclave rural, descubierto hace poco por el turismo, rodeado de montañas y bosques, envuelto, la mayoría del año en la dulce paz campesina. Una abadía románica, una iglesia y la carretera que sube serpenteando por los riscos hasta el vecino monasterio de San Juan de la Peña.

El templo parroquial, dedicado a *San Caprasio,* es un pequeño edificio tosco y bello. Construido en el último cuarto del siglo XI, pertenece al románico lombardo, estilo que se caracteriza por la sencillez en su decoración y soluciones. Lleva bóvedas de aristas y arquería ciega.

La abadía benedictina de Santa María era lugar de retiro de damas nobles, hermanas o *sorores.* Fue el lugar elegido por las tres hijas del rey Ramiro I para su clausura y posterior descanso eterno: doña Urraca, famosa reina que gobernó Castilla, doña Teresa, condesa de Provenza, y doña Sancha, viuda del conde de Toulouse. En el siglo XVI las monjas abandonaron el lugar y se instalaron en Jaca, llevándose consigo un sarcófago que contenía los restos de las tres hermanas fundadoras.

El templo, del siglo XI, presenta un perfil poco usual, al apoyarse la cúpula del crucero en la torre, de tres pisos con aljimeces. Posee un solo ábside central de tambor, junto con dos laterales planos. En lo más alto existe una cámara secreta, al modo de los más primitivos templos mozárabes. Es un hueco de ocho lados que comunica con la torre. Interesante es el tímpano de la portada, que representa un Crismón entre leones, semejante al de Jaca, completado por dos leyendas epigráficas y una flor de doce pétalos en el vientre del león derecho. Era una clave medieval que señalaba los templos donde se guardaba un pedazo de la Vera Cruz.

Página siguiente:
El monasterio femenino de Santa Cruz de la Serós ha conservado su especial empaque románico.

Tímpano con el Crismón, del mismo maestro de Jaca, y capitel norte de la portada mayor de la abadía. Un hombrecillo sujeta dos monstruos, que simbolizan el pecado.

El claustro abierto de este monasterio guarda unos preciosos capiteles románicos.

San Juan de la Peña, colgado en una roca de la montaña, es el monasterio más importante y sugestivo de todo Aragón, donde más profundamente vibra el pálpito de espiritualidad y belleza del pequeño reino cristiano que nació en los Pirineos.

Cuentan que un joven mozárabe, llamado Boto, persiguiendo un cervatillo estuvo a punto de despeñarse por las rocas; mas, invocando al Señor, consiguió detener su caballo justo al borde del abismo. Bajando por una peña vio el cuerpo del ciervo a la entrada de una profunda cueva. Penetrando en ella, encontró el cadáver de un ermitaño, Juan de Atarés, cuyo nombre estaba grabado en la piedra. Boto, profundamente conmovido, vendió todos sus bienes retirándose a este lugar para dedicarse a la oración.

Así nació el monasterio, favorecido por las donaciones reales. El escondido cenobio guardó, durante la Edad Media, una copa de calcedonia roja translúcida, que según la tradición utilizó el Salvador en su última cena. Era el legendario Santo Grial.

Dos edificios superpuestos, de estilo románico primitivo, acogen la cripta, la iglesia y la sala de los Concilios. En un plano alto se halla el Panteón real, con sus veintiséis tumbas alineadas de reyes, príncipes y abades. Bajo la roca, al aire libre, quedan los restos del impresionante claustro primitivo, con bellísimos capiteles románicos que representan escenas del Antiguo y Nuevo Testamento.

En la página anterior vemos pasajes de la vida de Jesús, desde el sueño de San José hasta la última Cena.

El pueblo de Esco, medio en ruinas, presenta una curiosa estampa.

Volviendo a la ruta del peregrinaje –que atraviesa las provincias de Huesca y Zaragoza hasta llegar a Navarra–, resulta difícil seguirla en este tramo. La carretera moderna presenta un trazado distinto a las antiguas calzadas romanas y el gigantesco **Embalse de Yesa** ha anegado tierras de labor, bosques, pueblos, caseríos, puentes... Tan sólo queda la memoria. Profundamente azul, cuando sus aguas llenan la cuenca, el embalse va tomando luego una coloración verdosa, densa, a medida que disminuye el caudal. En los largos años de sequía, surgen junto a sus márgenes, blancas y fantasmagóricas formaciones de tierra que hacen recordar la Capadocia turca.

Puente la Reina de Jaca, núcleo actual sin mayor importancia, fue durante la Edad Media residencia de reyes y reinas. Los romeros podían optar, desde aquí, en su viaje hacia Occidente, entre dos trayectos distintos que seguían el curso del río Aragón por sus márgenes derecha e izquierda. El primero, atravesando **Berdún, Sigués** y **Esco,** alcanzaba **Tiermas,** hoy día una patética ruina sobre el embalse del Yesa, cuyas aguas inundaron sus famosas *termas romanas.* El segundo itinerario se dirigía a Sangüesa de forma mucho más directa, pero también más fatigosa. Cruzaba **Arrés, Xavierre de Martes, Artieda** y **Ruesta,** enclave desolador e inquietante, al haber sido abandonado por sus habitantes.

Página anterior:
Dos vistas diferentes del embalse de Yesa, en época de lluvias y de sequía. Arriba, el pueblo abandonado de Tiermas.

Sos del Rey Católico, a pocas leguas de nuestro itinerario, pasando del valle a la áspera montaña, bien merece una visita. Sos es una villa donde el tiempo parece detenido. Encantadora escenografía medieval de calles en cuesta, pasadizos, escudos, torreones y murallas.

El caserío se agrupa en lo alto de una colina que domina el barranco de Valmediana y el valle del río Onsella –el famoso Campo Real–, que fue objeto de numerosas escaramuzas durante los tiempos góticos; frontera siempre nuevamente dibujada por aragoneses y navarros. En una de las cotas más altas de la villa campea el renacentista *palacio de los Sada,* donde, el 10 de marzo de 1452, la reina doña Juana Enríquez dio a luz al que sería Fernando el Católico. Con recia fachada de molduras y almenas, acoge un pequeño museo de recuerdos fernandinos y una iglesita dedicada a San Martín de Tours. Las ventanas altas del noble caserón se abren a la hermosura de los tejados de la villa, a sus torres y campanarios.

La otra cima de la colina, denominada *Peña Feliciana,* fue escogida por el rey Ramiro II para levantar, en 1134, uno de sus castillos fronterizos. A sus pies se llega, por galería abovedada, a la bella iglesia románica de *San Esteban,* cuya bella portada septentrional recuerda en su decoración a la vecina Santa María la Real de Sangüesa.

La iglesia románica fortificada de San Esteban domina el caserío de Sos.

Página siguiente:
Perspectiva de la villa de Sos desde las ventanas del palacio de los Sada, donde naciera el rey Católico.

EL CAMINO DE SANTIAGO EN

NAVARRA

Al amanecer el pueblo duerme en silencio. Las contraventanas de las casas están cerradas, no hay nadie por las calles. Se escucha el rumor del agua, y a lo lejos el susurro del hayedo peinado por el viento. El peregrino se detiene un momento en el viejo puente a contemplar las aguas fosforescentes del río Nive. Por el Portal de España sale de la población y se interna en el bosque. Desde el vecino Valcarlos, podrá escoger dos itinerarios para cruzar los Pirineos, por Ibañeta o Cize. Cuenta la Guía Calixtina de este puerto que "su altura es tanta que al que lo escala le parece tocar el cielo con la mano. Desde su cumbre puede verse el mar Británico y el Occidental, y las tierras de tres países, a saber, de Castilla, de Aragón y de Francia".

Roncesvalles es uno de los lugares mágicos del itinerario, con un hospital famoso desde tiempos medievales. La preciosa imagen de Nuestra Señora de Orreaga, del siglo XIII, preside la vetusta y emocionante colegiata, primer edificio gótico que se construye en la Península. El Camino desciende por un paisaje accidentado y lleno de verdor, atravesando pueblos hermosos, como Burguete, Espinal, Zubiri... Ceñida por la cinta plateada del río Arga y por los grises muros de la ciudadela, la antigua capital de Navarra presenta un perfil inolvidable. El peregrino entra en Pamplona por el Portal de Francia

Unas cuantas leguas más allá, en Puente la Reina, el peregrino se detiene a contemplar el bellísimo puente románico que mandara construir una reina –doña Mayor, o tal vez doña Estefanía– para facilitar el paso a los romeros, allá por el siglo XI. Poco antes de la población, el "Camino Navarro", que viene de Pamplona y Roncesvalles, se ha juntado con el "Camino Aragonés" de Somport y Jaca, que ha entrado en Navarra por el monasterio de Leyre y Sangüesa. Desde aquí marcharán juntos hasta Compostela.

Estella es una de las ciudades con más carácter y monumentos de todo el recorrido. Fue repoblada en el siglo XI con artesanos francos procedentes de la Auvernia. Su famoso Fuero de 1090 determina con minuciosidad lo que había de hacerse en caso de hurto a los romeros alojados en las fondas o en la compra de animales sin haber testigos. En Estella, el peregrino escuchará la emocionante historia del obispo griego de Patras, que viajaba de incógnito, con el omóplato de San Andrés atado al cuerpo. Murió en un hospital de pobres y fue enterrado en el claustro de San Pedro de la Rúa. Entonces comenzaron a ocurrir allí sucesos milagrosos.

En Torres del Río visita la extraña iglesia poligonal de los Templarios, que le recuerda aquella de Eunate, muy cerca de Puente la Reina. La doble lectura de sus proporciones y capiteles nos lleva a las puertas del lenguaje de los iniciados. En su torre, o "linterna de los muertos", se encendían fogatas de noche cuando moría algún romero en el vecino hospital de Sansol.

Viana, centinela del valle del Ebro, es una pequeña ciudad fronteriza abrumada por el peso de su historia. Carlos de Viana, nieto de Carlos III el Noble, fundador del principado, se haría famoso por su sensibilidad artística y sus desdichas. Más tarde, a comienzos del siglo XVI, el "condottiero" César Borgia muere de un arcabuzazo en una emboscada, a las puertas del templo de Santa María. Sus restos descansan aquí, bajo una lápida de mármol blanco.

Paisaje cerca de Ostabat, en la Navarra francesa.

En **Ostabat** confluían las tres rutas importantes que atravesaban Francia y eran utilizadas por los peregrinos del norte de Europa. Provenían de Tours, Vezelay y le Puy, santuarios entonces famosos. Ostabat, perteneciente al departamento de la Basse Navarre, es hoy día una villa pacífica, rodeada de verdes praderas, donde pastan las ovejas. A menudo, ahora como entonces, se dan cita aquí peregrinos de diversas naciones para emprender juntos la subida a los puertos del Pirineo. Aymeric Picaud, en su guía del siglo XII, advertía de los muchos peligros que acechaban en estos lugares.

Puente sobre el río Nive, que atraviesa el Camino en Saint Jean Pied du Port.

Saint Jean Pied du Port, unas leguas más allá, es el vigía de los puertos. Población llena de carácter, rodeada por un cinturón de murallas y recorrida por el río Nive, que la llena de frescor. Las aguas bañan las casas, con grandes solanas y tejados inclinados, y la *iglesia gótica de Notre Dame,* construida con piedra rojiza. El Camino entra por el portal de Santiago o de la Ciudadela, cerca del cual está la *Prisión de los Obispos,* donde venían a parar los muchos ladrones, bandoleros y estafadores que vaciaban las bolsas de los pobres peregrinos. Cruzando el puente de piedra sobre el Nive, se perfila ya, al fondo de la calle, el Portal de España.

Roncesvalles. Interior de la colegiata, hacia el ábside, un gótico primitivo de influencia francesa.
Vidrieras de la Sala Capitular de monasterio, alegóricas a la vida del monarca Sancho el Fuerte, que está enterrado aquí.

Valcarlos, el primer pueblo de la Navarra española, encajonado entre montañas, aparece embellecido por las leyendas. Su escudo, de forma ajedrezada, recuerda que mientras Roldán sucumbía en la batalla contra los sarracenos, llamando con su cuerno, Carlomagno jugaba una partida de ajedrez con Ganelón. Once mil vírgenes, bajadas del cielo, acompañaron al Emperador en su retirada.

Se inicia luego la subida al **puerto de Ibañeta,** cruzando un bosque de hayas centenarias, con troncos retorcidos y brazos temblorosos, que termina junto a las primeras praderas que rodean al monasterio de Roncesvalles.

Otro itinerario para atravesar los Pirineos es el del **port de Cize,** que hoy sólo se puede realizar a pie. Aunque avanza por lugares más despoblados y solitarios, era la senda escogida por muchos peregrinos franceses en los siglos medievales, sugestionados por las leyendas que relataban la terrible derrota de su Emperador en Valcarlos. En lo más alto, los romeros, siguiendo el ejemplo de Carlomagno, se arrodillaban con la mirada puesta en Compostela, y plantaban una cruz.

El **Monasterio de Roncesvalles** aparece, en la bajada del puerto, como dormido en una niebla algodonosa, en una atmósfera llena de misterio. No se escucha más que el tintineo de un cimbal lejano y el susurro de las hayas estremecidas por el viento.

La estampa poética, la paz y el silencio que muestra el enclave en invierno o comienzos de la primavera contrasta vivamente con la de los meses de verano. En agosto, el lugar aparece convertido en una "romería", pues son cientos los peregrinos que inician aquí su larga y penosa aventura.

La colegiata de Roncesvalles en una mañana de bruma.

Roncesvalles, que en vasco significa "valle de los espinos", ha sido desde tiempos medievales un lugar reparador de fuerzas. El camino cruza bajo unos soportales y llega al *Gran Hospital Real,* que se encontraba regido por los frailes de San Agustín y dependía únicamente del Pontífice romano. Fue fundación del obispo de Pamplona, don Sancho de Larrosa y del rey Alfonso I el Batallador, a comienzos del siglo XII. Aquí los peregrinos podían pernoctar dos jornadas, bañarse en agua caliente, les afeitaban y les cortaban el pelo, tenían cama limpia y siempre una escudilla con verduras, alubias y carne.

Bosques de hayas en otoño y primavera, junto a Roncesvalles.

La *colegiata de Nuestra Señora de Roncesvalles,* presidida por su imagen, bajo un templete, es el primer edificio de estilo gótico que se construye en España. Fue consagrada en 1219, gracias a la protección del rey navarro Sancho VII el Fuerte, enterrado en la Sala Capitular del Monasterio, junto al claustro. Sancho el Fuerte era un gigante de la época. Medía 2,25 metros de estatura y pesaba más de 150 kilos. Sus razones eran poderosas.

El *Sancti Spiritus* o *Silo de Carlomagno* es un templo funerario, dedicado a albergar un cementerio de romeros. Junto a él, la *capilla de Santiago,* del siglo XIII, llamaba a la atardecida, con su campana, a los peregrinos perdidos en la niebla.

El Camino desciende, entre verdes saturados hasta **Burguete** y **Espinal,** pueblos hermosos, con grandes casas aisladas de tejados inclinados, contraventanas de madera y flores. Fueron escenario, sin embargo, en el siglo XVI de espectáculos espeluznantes, como la quema de brujas, que merodeaban por la comarca.

Viscarret, con su caserío vetusto y su iglesia dedicada a San Bartolomé, era final de la primera etapa en la *Guía Calixtina.* Aquí la carretera y el Camino se separan para volver a juntarse pasado el *puerto de Erro.* En **Larrasoaña** se conserva, convertido en casas particulares, el antiguo Hospital de Peregrinos. Cruzando el puente de piedra sobre el Ulzama, junto a la *ermita de Trinidad de Arre,* estamos ya a un paso de la capital, Pamplona.

Página anterior:
Burguete y Espinal tienen una arquitectura popular alegre y llena de encanto.

Perspectiva del valle del Arga y caserío antiguo de Pamplona.

Pamplona, abrazada por el río Arga y su arboleda, se asienta en una meseta dominando un extenso panorama. *Iruña* o *Iruñea,* como también se la conoce, es una ciudad importante, con cerca de 200.000 habitantes, que ha sabido crecer de forma acompasada en el transcurso del tiempo. Su origen es romano, fundación, al parecer, del mismo Pompeyo. Tuvo ya una gran importancia en la Edad Media, cuando fue capital del reino de Navarra. Estaba dividida, al comienzo, en tres pueblas distintas, habitadas por gentes de muy diversas procedencias y oficios. *La Navarrería* era el núcleo original, crecido en el siglo XI al calor de la vieja cate-

Pamplona. Jardines de la Taconera, construidos en los terrenos de la Ciudadela.

dral románica. Le siguieron *El Burgo,* con el templo de San Cernín o San Saturnino, su patrón, y *San Nicolás,* poblado, como el anterior, por francos que llegaban del otro lado de los Pirineos. El rey Carlos III el Noble, en 1423, mediante la cédula conocida como "El Privilegio de la Unión", unificó estas tres pueblas, que no cesaban de hostilizarse y guerrear, creando una sola ciudad.

Durante el siglo XVI, cuando Navarra formaba parte ya del Imperio español, se construyó una gigantesca *Ciudadela* en forma de estrella, con fuertes murallas, profundos fosos, barbacanas, túneles y puentes levadizos. Fue proyectada por el ingeniero italiano

Pamplona. Puente de la Magdalena, sobre el Arga. En su arranque existió un hospital para peregrinos con enfermedades infecciosas, que no podían entrar en la ciudad.

Giacomo Palearo, conocido con el remoquete de *El Fratín*. Posteriormente, en el siglo XVIII, reinando la Casa de Borbón, sería ampliada para albergar un nutrido ejército, presto a defender las fronteras.

El escritor Miguel Sánchez-Ostíz trata de imaginarse cómo debía ser la vida de guarnición en aquel interior cercado de murallas, tan grandioso y lóbrego al mismo tiempo: "las troneras erizadas de cañones, las tropas de cara a unos campos barridos por el cierzo, en los que se afanaban los agricultores. El tedio de la vida de cuartel. A pesar de formar parte de un parque cuidado, la Ciudadela todavía conserva un aire sereno, altivo y misterioso, como si guardara consigo, ocultas, algunas de sus historias de esperas y cautiverios".

Los peregrinos actuales, como los antiguos, que ven perfilarse desde lejos las torres de la ciudad en su altura, deberán cruzar el medieval *puente de la Magdalena,* sobre el Arga, para iniciar desde aquí la subida, entre fortificaciones, hasta alcanzar el *Portal de Francia.*

Pamplona ha sido un lugar acogedor para los caminantes. Numerosos hospitales, dependientes de las cofradías, parroquias y del obispado, recibían gratuitamente a los enfermos y transeúntes. El *Hospital de San Juan de la Cadena,* fundado por el obispo don Pedro de Artajona, en el siglo XII, estaba atendido por la Orden de San Juan de Jerusalén, y contaba con un cementerio para enterrar a los romeros pobres. El *Hospital de San Miguel* dependía de la catedral y era el más famoso. El viajero italiano del siglo XVII Domenico Laffi nos describe algunas curiosidades de este lugar: "Mientras se celebra la misa mayor ponen encima de la mesa, situada en la puerta de la iglesia, alimento para doce peregrinos. Éstos deben ir a la puerta de la cocina, donde le dan a cada uno una escudilla de caldo, no de sopa, porque en este país no la conocen. Una vez que los peregrinos reciben sus escudillas de caldo, vuelven en fila de a uno a la iglesia y toman asiento en los lugares que les están reservados en la mesa. Llega después un hombre con un gran caldero de carne guisada y sirve a cada uno su porción, y otro le da a cada peregrino una loncha de embutido, y un tercero les sirve un buen vaso de vino tinto."

Este hospital catedralicio siguió funcionando mucho tiempo, pero los otros se hallaban ya en decadencia a finales del siglo XV, cuando el fenómeno de las peregrinaciones, con los nuevos planteamientos de la Edad Moderna, había iniciado su declive. Se podían oír quejas, por ejemplo, de que las raciones escaseaban, de que las camas no estaban limpias y no había comodidad para las mujeres peregrinas. Ramiro de Goñi, en el siglo XVI, quiso refundir todos los albergues en uno solo, creando el *Gran Hospital de Navarra.*

Cuando el entusiasmo de las peregrinaciones fue decreciendo, hacia finales de la Edad Media, se pensó unificar la mayoría de los hospitales de Pamplona. Al fin se hizo en el siglo XVI, creando el Gran Hospital de Navarra. Dedicado en la actualidad a museo, el edificio ha sufrido numerosas transformaciones, como vemos en las fotografías.

Tras muchas vicisitudes, el edificio ha sido remodelado en los últimos años, despojándolo de su tradicional fachada barroca y conservando tan sólo la portada renacentista, empotrada en una pared "de diseño". Alberga ahora el *Museo de Navarra,* donde pueden contemplarse numerosas obras de arte, entre las que destaca la arqueta árabe del Monasterio de Leyre. Aunque muy nutrido de fondos, sigue teniendo el encanto de los museos provinciales.

El corazón de la ciudad late en la *plaza del Castillo,* un agradable lugar de encuentros, de tiendas vetustas, de hoteles con historia y cafés con solera. Su nombre recuerda el castillo que se erigió aquí en tiempos del Rey Noble, cuando se unificaron las tres pueblas de la Navarrería, el Burgo y San Nicolás. El poder sentaba así sus reales para hacer cumplir el orden impuesto por las leyes.

El barrio antiguo de la Navarrería rodea la preciosa *catedral gótica de Pamplona,* un edificio poco divulgado en los libros al no permitir el cabildo la toma de fotografías. Además, la fachada principal, obra barroca del siglo XVIII, perpetrada por Ventura Rodríguez, disuade a cualquier viajero poco enterado de la visita. Es un pórtico de estilo neoclásico, olímpico y grosero, aparatoso y frío, adornado con dos torres. Sin embargo, si penetramos en el interior, recientemente restaurado, nos encontramos con una de las maravillas artísticas de toda la Península. Un elegante gótico levanta esbeltas columnas, cierra airosas bóvedas, organizando los espacios en tres cumplidas naves, que a veces parecen querer desplegarse en cinco. La catedral fue fundada por Carlos III el Noble en el año 1397, para sustituir a la primitiva seo románica, tardando

La catedral de Pamplona que visitaban los peregrinos durante los siglos XII y XIII era un bello edificio románico. A comienzos del siglo XIV, como el viejo claustro amenazaba ruina, sería sustituido por uno nuevo, de estilo gótico. El impulso definitivo lo daría el obispo Barbazán (1318-1355).

El claustro de la catedral de Pamplona ofrece originales planteamientos estéticos.

casi un siglo en terminarse. Navarra era en aquellos tiempos un reino independiente, aunque feudatario del rey de Francia, por lo que no es extraño el marcado gusto francés que tiene el edificio. Una imagen arcaica de Santa María la Real, bajo un curioso baldaquino, preside el templo, donde no faltan obras de arte, como la sillería del coro, realizada por Miguel de Ancheta en 1540. En el centro de la nave se conserva el sepulcro del Rey Noble y de su esposa Leonor de Trastámara, concienzuda labra del flamenco Jehan Lome de Tournai, quien lo realizó todavía en vida del propio monarca.

El claustro es anterior a la basílica y fue levantado a comienzos del siglo XIV por el prepotente obispo Arnaldo de Barbazán, que tiene aquí su propia capilla. El original trazado de las ojivas, su crestería culminada en escudos, la cadencia del ritmo de sus arcos le confieren un particular encanto. En las claves de las bóvedas hay representaciones de oficios, estaciones, meses del año, costumbres. La Puerta Preciosa está decorada con escenas de la vida de la Virgen, así como su Tránsito y Coronación. Dentro hay una sala donde se celebraban las Cortes y se juraban los fueros de Navarra.

Desde Pamplona sale la ruta de Santiago ascendiendo por el suave **Puerto del Perdón,** desde donde se ve una perspectiva de la ciudad en la lejanía. Por **Cizur Menor** y **Guendulaín,** llegaremos a Obanos y Puente la Reina. Aquí se juntará con el llamado "Camino Aragonés", que viene de Jaca y los Pirineos.

El "Camino Aragonés" entra en Navarra, tras pasar el gran embalse de **Yesa,** por el pueblo de este nombre, donde hay un emocionante *puente románico* de varios ojos, con el arco central hundido. Avanzando unas leguas nos encontramos con el monasterio de Leyre, en la montaña, y la ciudad de Sangüesa más abajo, en el valle del río Aragón. Ambos lugares siguen siendo visitados por los peregrinos en su ruta hacia el Occidente.

El **Monasterio de San Salvador de Leyre,** en las estribaciones de la sierra, es un lugar clave para la historia de Navarra. Como San Juan de la Peña en Aragón, Covadonga en Asturias o Ripoll en Cataluña. Corte y panteón real de la monarquía, se tienen noticias escritas de él desde mediados del siglo IX. Los tiempos eran difíciles para el joven reino de Navarra, que nace con Iñigo Arista en una especie de compromiso entre las tribus de pastores vascos de la montaña y los islamizados y cultos Beni-Casi de Tudela.

Sancho III el Mayor, en 1022, tras el ataque llevado a cabo por Almanzor, se encarga de reconstruir el monasterio en un estilo románico sobrio y puro. De entonces nos queda la cripta y la cabecera del templo, que sería agrandado unos siglos después, en

Vista de los primitivos ábsides románicos del monasterio de Leyre y de la «Porta Speciosa», en la fachada occidental de la iglesia.
Las estilizadas figuras del tímpano parecen representar al Salvador, la Virgen, San Pedro y San Juan.

La sierra de Leyre guarda el monasterio en su flanco norte. Perspectiva desde la fuente de San Virila.

tiempos del gótico. Al este queda la Porta Speciosa, del siglo XII, montada aquí como un "puzzle" mucho tiempo después de su labra. El curioso tímpano, adornado con personajes arcaizantes, se apoya en las clásicas cabezas del león y del toro. A la izquierda aparece San Marcos, metiendo sus largos dedos en el Evangelio. Las arquivoltas están llenas de viñetas que nos muestran horripilantes y a la vez deliciosos monstruos, en diversas actitudes que les son propias: acechando, mordiendo, riéndose, tendiendo trampas, etc. No hay duda de que el pecado puede presentarse de mil formas distintas.

Cerca del monasterio, entre los bosques de la **Sierra de Leyre,** se encuentra la llamada *fuente de San Virila,* abad del siglo X que asociaba la eternidad con un inevitable aburrimiento. Dicen que en este lugar se quedó extasiado oyendo el canto de un ruiseñor. Cuando despierta y quiere regresar a su celda, se da cuenta de que todo ha cambiado. El aspecto del monasterio es otro, mucho más grande y extraño. Entra en él y no conoce a ninguno de sus hermanos. Habían transcurrido varios siglos. Y es que la eternidad no puede medirse. Como dijo San Benito, los relojes sólo sirven para ordenar nuestros días.

Sangüesa, en la ribera izquierda del río Aragón, frente a la áspera colina donde se asentaba la "Sangüesa Viella", presenta el formato de una ciudad próspera, llena de carácter. Burgo nuevo, poblado por francos a comienzos del siglo XI, se convertiría, de plaza fuerte y residencia regia, en importante centro comercial, movido por el cauce de caminos en el que se asienta.

Los privilegios concedidos por Sancho Ramírez hicieron que la ruta peregrina se desviara hasta aquí como final de etapa, siendo un lugar apacible, reparador de las fuerzas perdidas. Existían los hospitales de San Juan, de San Nicolás, de San Adrián de Vadoluengo, que lo fue de monjes templarios, el de Ntra. Sra. de Rocamadur y el de la Magdalena. Frente a la iglesia de Santiago, un antiguo albergue todavía conserva en el dintel de su puerta los símbolos del peregrinaje.

La calle Mayor atraviesa de punta a punta la población, desde el desaparecido Portal de Jaca hasta el cauce del río Aragón, cruzado en este siglo por un puente metálico. En la calle Mayor, pausado escenario de la vida cotidiana, se encuentran las casonas señoriales con ventanales góticos, los herméticos conventos de grandes aleros, las monumentales iglesias, las tiendas antiguas lle-

El Apóstol Santiago, vestido a la usanza de peregrino, apoyado en una vieira, preside el tímpano de la iglesia de su nombre, en Sangüesa.

Sangüesa. Preciosos palacios góticos fueron transformados, en el transcurso del tiempo, en casas particulares.

nas de carácter. Más de un viajero quisiera quedarse a vivir aquí, si no fuera por el desagradable ambiente que despide una vecina fábrica de papel.

La iglesia de Santiago, de estructura románica inicial, aunque transformada posteriormente, presenta una notable portada con arcos ligeramente apuntados, cuyo tímpano aparece presidido por una impresionante escultura de Santiago Apóstol. Es la auténtica representación del peregrino, con su manteo abrigador, su zurrón, sus conchas, sujetando en su mano derecha un libro cerrado. El libro viene a ser como un símbolo, una clave espiritual fácil de entender. Los romeros, entonces como ahora, deben ir escribiendo día a día, legua a legua, su propio viaje. Como muchos años después diría el poeta: "Caminante no hay camino, se hace camino al andar..."

Al final de la calle Mayor, muy cerca del puente, justo en el lugar donde los peregrinos iban a abandonar la ciudad, se encuentra la joya de Sangüesa: el *templo de Santa María la Real.* Presenta una fantástica fachada al mediodía de finales del románico y comienzos del gótico (siglo XIII). Arriba, un apostolado rudo y hermoso, correspondiente a algún taller de la zona, posiblemente

Sangüesa. Claustro del convento de San Francisco.

Página anterior:
Fachada de Santa María la Real, auténtico retablo en piedra, con influencias artísticas hispánicas y francesas.

el de San Juan de la Peña, con el Cristo rodeado por el tetramorfos. Más abajo, el "maestro Lodegarius" realizó las cariátides del pórtico, que recuerdan a las de Chartres, así como las arquivoltas llenas de profetas, de profesiones y oficios, de símbolos iniciáticos que rodean al gran tímpano con el Juicio Final.

Sobre el crucero se alza una gallarda torre en forma de flecha. Según algunos, su juego de números –contando espacios, huecos, aberturas y proporciones– componen, en matemáticas, las claves de la fachada. El interior está presidido por la imagen de Nuestra Señora de Rocamador, patrona de los francos que poblaron el lugar. Este templo fue capilla dedicada a la Virgen del palacio del rey de Navarra, donado en 1131 por Alfonso el Batallador a los caballeros de San Juan de Jerusalén.

En las afueras del antiguo recinto medieval murado está el *convento de San Francisco,* sencilla y airosa construcción gótica llena de encanto. Una lápida de la fachada recuerda que "fue fundado el 18 de octubre de 1266, festividad del evangelista San Lucas" por expreso deseo del rey Teobaldo II. Digno de visitarse es el claustro, lleno de paz, grácil sinfonía de estilizados arcos, ultimado ya en tiempos del gótico florido.

Por **Idocin, Salinas de Ibargoiti, Monreal,** con su puente peregrino de dos ojos sobre el río Elorz y **Tiebas,** a la sombra de su ruinoso castillo, la ruta va acercándose a Puente la Reina, donde confluyen los caminos aragonés y navarro, para seguir juntos desde aquí la ruta estrellada.

Santa María de Eunate, pocas leguas antes, en una llanura plantada de trigo y girasoles, surge como uno de los grandes enigmas e hitos del Camino de Santiago. Es un precioso templo poligonal románico, de fines del siglo XII, aislado en el campo. Un octógono irregular con espadaña y el ábside orientado hacia Tierra Santa, rodeado por un airoso pórtico abierto de arcos de medio punto. Eunate, que en vasco significa "la casa de las cien puertas", viene a ser como un faro, brújula o rosa de los vientos que guiaba a los fatigados peregrinos haciéndoles comprender que no se habían desviado de la buena senda.

Lampérez cree que la arquería estuvo inicialmente cubierta, formando el típico porche de las construcciones rurales, pero miss King, al no encontrar vestigios de apoyaturas, lo asocia con creaciones iniciáticas de Jerusalén, meta, como Eunate, de cruzados y

Claustro abierto que rodea a Santa María de Eunate. Esta arquería ha dado origen a numerosas hipótesis, buscándose paralelismos con las construcciones iniciáticas de los Caballeros del Templo.

Santa María de Eunate. El singular edificio, aislado en el campo, es un hito del Camino de Santiago. Posiblemente en la Edad Media estuviera envuelto por las dependencias de un convento y hospital.

romeros. Excavaciones arqueológicas han sacado a la luz multitud de enterramientos: una reina, varias damas de corte, caballeros y peregrinos con sus características veneras.

El templo perteneció a la Orden Militar de San Juan de Jerusalén, que posiblemente lo heredaría de los Caballeros Templarios, tras su disolución en el concilio de Vienne. Para el investigador Juan G. Atienza, "no cabe duda acerca de la filiación templaria de Eunate, no sólo por sus características similares a otras varias construcciones de la Orden, inspiradas en los esquemas de la Cúpula de la Roca de Jerusalén, sino por el cúmulo de indicios estructurales y mensajes que aporta, típicos de un simbolismo que se repite en muchas de sus obras y refleja su ideario".

Obanos, unas leguas más allá, como vigía sobre un teso, agrupa sus casas de piedra y ladrillo, contemplando el valle. En la plaza Mayor del pueblo se representa todos los Años Santos un Auto Sacramental basado en antiguas leyendas. Se trata de "El misterio de San Guillén y Santa Felicia", hijos de los Duques de Aquitania y peregrinos de Santiago. Historia medieval, recompuesta en este siglo, llena de poesía y candidez.

Puente la Reina, con su urbanismo perfectamente conservado, es uno de los lugares que guarda toda la emoción antigua. Aquí se juntaban romeros de todos los países, que habían cruzado los Pirineos por Somport y Roncesvalles. Todavía hoy se reúnen en el arranque del famoso puente contándose anécdotas, pasándose la bota de vino, pensando en lo que han recorrido y en lo mucho que todavía les queda por hacer. Son momentos de alegría y reflexión, con el peso en el alma de la terrible aventura en la que se han embarcado.

Valle del río Arga, poco antes de entrar en Puente la Reina, la antigua Gares.

La antigua aldea vasca llamada **Gares** fue poblándose en la Edad Media gracias a su estratégica situación, en un cruce de caminos. Más tarde, Alfonso I el Batallador la concedería privilegios y fueros. En el siglo XI, una reina, posiblemente doña Mayor, esposa de Sancho III de Navarra –o tal vez doña Estefanía, consorte del rey García el de Nájera–, mandó construir un magnífico puente para salvar las entonces peligrosas aguas del Arga.

Junto con el de San Miguel, en Jaca, constituye el más bello exponente de la arquitectura medieval del peregrinaje. Este puente de Gares, en forma de pico, levanta seis cumplidos arcos de medio

Página siguiente:
Vista del magnífico puente románico de Puente la Reina, el más celebrado de todo el Camino.

Puente la Reina, con su viejo puente de peregrinos, conserva todo el sabor antiguo.

punto, con pilares abiertos por arquitos y refuerzos, en un auténtico alarde de técnica y belleza. Conserva el portón fortificado del este, pero ha perdido la torreta central, donde había una capilla dedicada a Nuestra Señora. Es la *Virgen del Chori,* pajaro en vascuence, protagonista de una poética leyenda.

"Cada cierto tiempo, un pajarillo, totalmente desconocido –nos cuenta José Fernández Arenas–, protagonizaba escenas de júbilo ante los habitantes de la zona. Al divisarlo desde lejos, se desbordaban las gentes de alegría y marchaban presurosas hasta los alrededores del puente para presenciar el delicado trabajo que, durante varias horas, realizaba a la vista de todo el mundo. Trabajo insólito, pero impregnado de ternura y delicadeza. El extraño pajarillo bajaba al río, empapaba sus alas en la corriente cristalina y subía a limpiar la imagen que estaba sobre el puente. Realizaba esta tarea como si estuviera totalmente solo. Pasadas algunas horas, remontaba el vuelo y desaparecía en las alturas, para no regresar en varios años. Su venida era presagio de venturosos acontecimientos y de ahí el regocijo de chicos y grandes".

Hacia el centro de la Rúa Maior, o calle de los Romeros, que atraviesa la población, aparece la iglesia de Santiago, frente a un amplio atrio en el que se celebraba el concejo. El templo, primitivamente románico, sería reconstruido en el siglo XVI, conservándose, sin embargo, dos portadas originales. La del atrio representa un arco polilobulado de fuerte carácter, tal vez obra de canteros moriscos. Tanto las arquivoltas como el friso y capiteles están llenos de figuritas enigmáticas, de pequeñas escenas erosionadas. Según los estudiosos, aparecen pasajes narrados en los Evangelios Apócrifos sobre la infancia de Jesús.

El retablo mayor, sobredorado y barroco, está dedicado a Santiago, el patrono de la villa. Más interés posee una impresionante talla románica dedicada al Apóstol, proveniente, al parecer, de los restos de un primitivo retablo. Se le llama *el Beltxa,* en vascuence el negro, al encontrársele en un desván, ennegrecido posiblemente por el humo de las ofrendas. Es un Santiago Peregrino lleno de fuerza y bondad. Sujeta el bordón con su mano derecha, en la izquierda lleva un libro cerrado, anda descalzo y con la esclavina medio rota.

La iglesia de *Santa María de los Huertos* y el *Crucifijo,* así como el hospital contiguo, fueron encomienda de los Templarios, pasando más tarde a la Orden de San Juan. Curiosa resulta la visita al templo románico de transición, de dos naves, que recuerda arquitecturas de la lejana isla de Rodas. En el ábside del fondo, un patético Cristo, al parecer de origen renano, muestra su dolor clavado en un tronco de árbol en forma de Y griega. Para unos representa el Árbol de la Vida, el Salvador. Otros buscan una explicación en la simbología ocultista que los freires templarios sugerían de muy diversas formas.

Puente la Reina. Detalles de la portada meridional de la iglesia de Santiago. Labrada en un estilo románico de transición, posiblemente fuera debida a canteros moriscos. Los frisos muestran animales fabulosos, decantados de la mitología clásica.

Pasado Puente la Reina, tras subir una empinada cuesta y cruzar junto a las ruinas del hospital de **Bargota,** por tierras que pertenecían a la Orden del Temple, llegamos a **Mañeru.** El templo parroquial barroco, obra de Ochandotegui, preside el caserío, donde se guarda un reconfortador vino, elaborado en sus numerosas bodegas.

Cirauqui, trepado en la colina, es villa de gran carácter y personalidad. Calles en cuesta, escudos con inscripciones, galerías, parras que cruzan los dinteles de las puertas, flores en las ventanas. Junto al Portal de la Muralla vemos una *estela vasca,* encontrada no hace mucho. En lo alto, cerca del Ayuntamiento, está la *iglesia de San Román,* que presenta una bonita portada gótica polilobulada, de cadencia oriental. Saliendo por el otro lado del cerro, encontraremos restos de la primitiva senda peregrina.

En **Lorca,** un puente de dos ojos salva el pequeño río Salado. Aymeric Picaud, en su "Guía Calixtina", del siglo XII, nos relata sus aventuras por estos pagos: "Por el lugar que se llama Lorca, en su parte oriental, pasa el río Salado. Allí guárdate de beber ni tú ni tu caballo, pues el río da la muerte. En nuestro peregrinar a Santiago encontramos a dos hombres sentados a su orilla, que estaban afilando sus navajas, con las que solían desollar las caballerías de los peregrinos que bebían aquel agua y morían. Y a nuestras preguntas contestaron, mintiendo, que el agua era buena para beber. Por lo cual abrevamos en ella a nuestros caballos, y en seguida murieron dos de ellos, que inmediatamente aquéllos desollaron".

Portal de la Muralla de Cirauqui, junto al que se encontró, no hace mucho, una estela vasca (derecha). El patrón de Cirauqui es San Román, mártir y personaje fabuloso, que no dejaba de predicar a los impíos, aunque éstos le hubiesen arrancado la lengua.

El perfil de Montejurra, cerca de Estella, es inconfundible. Símbolo del carlismo hasta hace poco, aparece hoy como una mera referencia histórica en el paisaje.

Estella es ciudad peregrina por excelencia, creada en el siglo XI por privilegios del rey Sancho Ramírez, junto a una pequeña aldea llamada *Lizarra,* que en vasco significa la estrella. Situada en el atractivo valle del río Ega, al pie de formidables peñascos, vigilada de cerca por el perfil inquietante de Montejurra, está repleta de monumentos artísticos, de historias y leyendas. Por ello, con ese afán inevitable de buscar similitudes, la bautizaron como "la Toledo del Norte". Aymeric Picaud, en su famosa guía, dice que "Estella tiene buen pan, excelente vino, abundante carne y pescado, y aparece llena de toda suerte de felicidades".

Durante la Edad Media fue corte de los reyes de Navarra, y escenario, durante toda su historia, de sangrientas guerras civiles. Lucharon entre sí los habitantes de sus diversas pueblas, participó en las revueltas del príncipe de Viana, siendo durante el siglo pasado capital de don Carlos VII. En su "Sonata de Invierno", don Ramón María del Valle Inclán nos ha descrito con bellas pinceladas su ambiente: "Una luz triste y cenicienta amanecía sobre los montes que rodean la ciudad santa del carlismo, donde el rumor de la lluvia en los cristales es un rumor familiar. De tiempo en tiempo, en

medio de la tarde llena de tedio invernal, se alzaba el ardiente son de las cornetas, o el campaneo de unas monjas llamando a la novena. Un velo de niebla ondulaba en las ráfagas del aire. Dos soldados cruzaban por el centro de la plaza, con el andar abatido y los ponchos chorreando agua. Se oía la canturria monótona de los niños en la escuela. La tarde lívida daba mayor tristeza al vano de la plaza encharcada, desierta, sepulcral. Me perdí varias veces en las calles, donde sólo hallé una beata a quien preguntar el camino."

La ruta llegaba a Estella bordeando la ribera oriental del río Ega, para entrar en la ciudad por la puerta de San Agustín, junto a la que se encontraba el hospital de San Lázaro, para leprosos y llagados. Seguía por la Rúa de las Tiendas, junto al puente de la Cárcel, hasta llegar a la plaza del Palacio y al templo de San Pedro. La ciudad poseía numerosos albergues y hospitales, a cargo de diferentes cofradías y parroquias.

Poblada por navarros, francos y judíos, acogió un buen número de sefarditas castellanos tras el Edicto de Expulsión de los Reyes Católicos, dictado en 1492. Navarra seguía siendo un reino independiente, feudatario del rey de Francia. Como urbe cosmo-

Estella, ciudad llena de carácter, se asienta en las dos orillas del Ega. Al fondo, el puente medieval de peregrinos llamado "de la Cárcel", por la prisión que existía junto a él.

Estella. El puente "de la Cárcel" fue volado en 1873, durante las guerras carlistas, siendo reconstruido en este siglo.

polita y con gran movimiento de viajeros, resultaba para los peregrinos acogedora, pero al mismo tiempo peligrosa. Ladrones y estafadores andaban al acecho de las bolsas, no solamente en las calles, sino en el interior de los mismos hospitales. El "Fuero de Estella", de 1164, publica estrictas normas para regular los diversos casos que puedan presentarse ante la justicia. Sabemos que Domingo Ferrándiz de Burgui fue ahorcado por dar bebidas aletargantes a los peregrinos para robarles. Igual fortuna corrió Johan de Londres, preso por el preboste Drocón de Meldés, que había estafado a los romeros que dormían en el albergue de Domingo el Gallego.

Estella, en sus tiempos de esplendor, llegó a tener más de veinte iglesias y conventos. Llamativo, lleno de gravedad antigua, es el *templo del Santo Sepulcro,* con una sugerente portada gótica en piedra gris, que alberga un tímpano lleno de deliciosas figuras. La Crucifixión muestra a Longinos cegado, las tres Marías están ante el sepulcro abierto, con los soldados durmiendo y un ángel sentado encima. Cristo, tras su resurrección, saca a los patriarcas de la boca de un terrible monstruo infernal.

La *iglesia de San Miguel,* reconstruida en tiempos del gótico, presenta una portada con escenas evangélicas y un apostolado, que guarda el clásico tímpano con el Tetramorfos.

Unas largas escalinatas conducen desde la plaza del Palacio hasta el impresionante *templo de San Pedro de la Rúa,* románico del siglo XII, con perfil de fortaleza, bajo los peñascos. Las arquivoltas de la puerta enmarcan un tímpano polilobulado, como aquellos que vimos en Cirauqui y Puente la Reina. En el interior, de tres naves, iluminado por grandes rosetones, se venera la imagen de la Virgen de Belén y la reliquia de San Andrés. Contiguo a la iglesia hay un delicioso claustro románico, donde se enterraba a los peregrinos que hacían el viaje hacia el Occidente de Galicia. En el siglo XVI, al ser demolido el castillo, este claustro fue involuntariamente destruido en su mitad.

Cuentan las historias que hacia el año 1270 llegó a Estella caminando solo, de incógnito, el obispo griego de Patras, llevando en su equipaje el omóplato de San Andrés. Cayó enfermo el obispo, y como a nadie dijo quien era, falleció en el hospital de San Nicolás, para peregrinos pobres. Un día después sería enterrado en el cementerio-claustro de San Pedro de la Rúa. Por la noche, los monjes contemplaron asustados cómo unas maravillosas luces blancas surgían de su tumba. Abierta ésta encontraron, atado al cuerpo del obispo, la valiosa reliquia de San Andrés, desde entonces patrón de Estella.

Abajo y página siguiente:
San Pedro de la Rúa, una de las primeras parroquias de Estella, tiene un precioso claustro románico, que fue cementerio de peregrinos. La labra de los capiteles corresponde a artistas diferentes.

Estella. El palacio románico de los reyes de Navarra está rodeado por un urbanismo encantador, donde el tiempo parece detenido.

El palacio de los reyes de Navarra, al final de la Rúa, es uno de los pocos edificios románicos civiles que existen en España. Armónica composición, con arcadas y ventanales de medio punto, que perteneció a los duques de Granada y Ejea, por cuyo nombre también es conocido. Entre los capiteles de su fachada destaca el que representa la lucha de Roldán con el gigante Ferragut. El maestro cantero, Martín de Logroño, se inspiró en los tradicionales pasajes de la "Chanson", muy extendidos en la iconografía de todo el Camino. Tras quebrar la lanza del gigante, el avisado Roldán hiere a su enemigo en el ombligo, único punto que tenía vulnerable.

La plaza Mayor, o de los Fueros, al otro lado del río, es el corazón actual de la ciudad, como antaño lo fuera la del Palacio. Dos pandas de acogedores soportales, y una iglesona neoclásica dedicada a *San Juan Bautista,* donde se venera la imagen gótica de la Virgen de la Torcha y hay un buen Santiago Peregrino de tiempos barrocos.

El *monasterio de Nuestra Señora de Irache,* a una legua de Estella, de orígenes remotos, aparece como una grandiosa construcción deshabitada. Conserva en pie una importante iglesia de finales del románico, así como sendos claustros, de los siglos XVI y XVII. Entre sus sepulturas destaca la de San Veremundo, abad de Irache, que como Santo Domingo de la Calzada y San Juan de Ortega, hizo más fácil la travesía a Compostela.

Página anterior:
Santiago Peregrino, talla barroca de la iglesia de San Juan.

Cruzando **Monjardín,** agazapado bajo las ruinas de su castillo, llegamos a **Los Arcos,** población singular de casas de ladrillo, pasadizos y soportales. La *iglesia de Nuestra Señora de la Asunción,* con su claustro del siglo XV, posee el empaque de una pequeña catedral. La "Guía Calixtina" advierte sobre el peligro que entraña el vecino y escaso cauce del Odrón: "por aquí corre un agua venenosa para las bestias y los hombres que beban de ellas".

La guía menciona también un gran hospital desaparecido, que posiblemente se encontrase un poco más allá, en **Sansol.**

Torres del Río, al otro lado, en una cota más baja, guarda como un tesoro otro de los hitos del viaje. Es la pequeña iglesia románica del *Santo Sepulcro,* de fines del siglo XII, que por su planta octogonal recuerda aquella de Jerusalén y sus caballeros del Templo. Sus escasas dimensiones se compensan por su buena altura, con un ábside que mira a Oriente, tres pisos y ventanas de

Torres del Río. Un bellísimo Crucificado, de finales del románico, preside la iglesia del Santo Sepulcro.

Sobre los tejados de Torres del Río, destaca la linterna y campanarios de la iglesia templaria.

medio punto. Está cubierta por una bóveda de nervios, al gusto del califato andaluz, coronando la techumbre una torrecita que repite, en formato pequeño, las dimensiones del edificio.

Una interpretación poética daba a este tipo de torrecillas el nombre de "linterna de los muertos". Dicen que en su reducido espacio se encendían fogatas de noche, que indicaban la muerte de algún peregrino en el cercano hospital de Sansol.

Algunos eruditos han estudiado los capiteles del interior de la iglesia, buscando descifrar las claves iniciáticas que los Templarios imprimían a sus obras. Se trata de una doble lectura, muy interesante, que confiere a las escenas habituales del Evangelio unos contenidos y alcances insospechados. Sobre el altar mayor, un precioso Cristo de comienzos del siglo XIII, lleno de dolor, bondad y majestad, preside el conjunto.

Caserones de piedra y ladrillo dan carácter a las estrechas calles de Viana, una pequeña ciudad cargada de historia.
En la fachada plateresca de Santa María de Gracia hay representaciones sagradas y profanas.

Viana, en lo alto de una colina –fundada por Sancho el Fuerte en 1219–, es ciudad fronteriza, enclave estratégico curtido en cien batallas. Muros, puertas, torreones, escudos nos hablan de su pasado feudal, aristocrático. El rey Carlos III el Noble le confirió el título de Principado, a modo del de Asturias en Castilla y el de Gales en Inglaterra.

Carlos, el desgraciado príncipe de Viana, nieto del rey noble, el fundador, hijo de don Juan II de Aragón y doña Estefanía de Navarra, es uno de los personajes del siglo XIV que ha hecho correr más ríos de tinta y ha dado más fama a la pequeña ciudad. Desheredado por su padre y su madrastra, doña Juana Enríquez, tuvo que huir a Sicilia, junto a su tío el rey Alfonso V, donde se convirtió en sensible músico y hombre de letras. Murió envenenado en Barcelona, a temprana edad, cuando pretendía casarse con la futura Isabel la Católica. No fue capaz de sobreponerse a su destino.

Los romeros que entraban en Viana por el Portal de Estella encontraban enseguida refugio en los hospitales de Nuestra Señora, San Julián, Santa Catalina y la Virgen de Gracia. El ambiente guerrero que impregnó la ciudad durante muchos años no debía de ser muy de su agrado. Desde su fundación, Viana planificó el alzamiento de *dos templos en honor de San Pedro y Santa María,* como lugar de culto y a su vez baluartes contra el enemigo. El primero, quedó destruido en las guerras carlistas.

Viana. La escena de la Crucifixión es el principal motivo de la fachada de Santa María, un monumental retablo en piedra.

El de *Santa María de la Asunción* sigue en pie, y es una de las joyas artísticas de todo el itinerario. Una impresionante fábrica gótica de tres naves, que sería ultimada en el transcurso del tiempo. La famosa fachada del mediodía fue obra de Juan de Goyaz, vecino de Bañares, hacia mediados del siglo XVI. A modo de un gran retablo de piedra, despliega una iconografía poderosa de escenas conocidas del Viejo y Nuevo Testamento, enmarcadas por columnas corintias, sobre las que campea el supremo retablo en piedra de la Crucifixión del Señor. La torre, maciza e irregular, alcanza más de cincuenta metros.

Una humilde lápida en el suelo del atrio relata que aquí cayó herido de muerte César Borgia, el 11 de marzo de 1507. Era hijo del papa Alejandro VI, general del partido agramontés de Viana, cuñado del rey de Navarra, don Juan de Labrit, y Gran Condestable del reino. Su mausoleo se encuentra en el interior del templo.

EL CAMINO DE SANTIAGO EN

LA RIOJA

El peregrino se asoma a La Rioja mirándose en las caudalosas aguas del Ebro. Ve un largo puente de piedra y, al fondo, las afiladas torres de Logroño, difuminadas por la bruma, como en una acuarela. Cruza el puente y llega a la ciudad, que le resulta encantadora, pues está llena de recuerdos y atractivos. No sólo son iglesias con advocaciones de santos las que visita el peregrino. Pero no conviene descansar ni relajarse, pues quedan aún muchas leguas por recorrer.

El peregrino ha llegado a un país amable donde es grato vivir. El otoño lo viste de mil tonos distintos. Es un país fronterizo, ambicionado durante muchos siglos por los poderosos reinos vecinos, donde se confunden la historia y la leyenda. Cuando todavía los cristianos están replegados en los territorios del norte, allá por el siglo IX, el rey Ramiro I se niega a pagar al califa Abderramán el Tributo de las Cien Doncellas, acordado con Mauregato. Se presenta batalla, y las tropas cristianas sufren la primera derrota en Albelda, refugiándose en los peñascos de Clavijo. Allí reciben la promesa del Apóstol de que, al día siguiente, les va a ayudar en la contienda. Su intervención, enarbolando un estandarte con la cruz roja y una espada flamígera, va a ser decisiva. La fantasmal presencia pone en fuga a la morisma. El rey Ramiro hace voto de conceder, a partir de entonces, un quinto de su botín a la basílica compostelana. Lo que se vino cumpliendo desde el año 845 hasta su abolición, en 1812, por las Cortes de Cádiz.

La imagen de Santiago Matamoros se consolida en el siglo XII y llega hasta nuestros días. En la fachada de su iglesia de Logroño, obra del flamenco Johan de Raón, aparece como caballero en un poderoso corcel, tan bien dotado que hace las delicias del peregrino Walter Starkie, comparándolo con el Bucéfalo de Alejandro. Historia, leyenda, poesía... Durante la Edad Media, los reinos de Navarra y Castilla se disputarán estas fértiles tierras de La Rioja. El rey navarro don García establece su capital en Nájera, donde construirá un precioso monasterio en recuerdo de la imagen de la Virgen que ha encontrado en una cueva. Cerca de Navarrete, luchan los ejércitos de Pedro I el Cruel y su hermanastro Enrique I de Trastámara.

Cuentan que Millán de la Cogolla, allá en los albores del siglo IX, era un joven pastor de ovejas, cuando sintió la llamada de Dios. Se hace fraile, pero su vida en comunidad va a romper la paz del convento. Aburrido por la escasa creatividad de sus hermanos, se inventa los más disparatados milagros. Al fin consigue dispensa del obispo y vuelve a sus intrincadas montañas, haciendo vida de anacoreta, interpretando en su alma el pálpito de la Naturaleza. Suso y Yuso son dos famosos monasterios en los que se guarda su recuerdo. Muy cerca está Berceo, cuna de Gonzalo, aquel trovador medieval, que, olvidando el latín que le habían enseñado, escribiría en la lengua popular de los pastores y campesinos de la comarca, el castellano, contándonos los ingenuos milagros de San Millán.

El sencillo Domingo de la Calzada, unos siglos más tarde, con una mentalidad ya más moderna, entró en contacto con los peregrinos que iban a Santiago, apiadándose de sus penas y fatigas. Para hacer más fácil su trayecto, construyó calzadas, taló árboles, levantó puentes, albergues y hospitales. En la llanura inmensa se recortan las torres de su ciudad, en la cual aún se conserva la portada del hospital fundado por él, poco antes de su muerte.

Viñedos cerca de Logroño, a mediados de octubre.

En otoño, los paisajes de La Rioja parecen cobrar todo el encanto de la paleta de los pintores impresionistas. Amarillos saturados, verdes tiernos, cobres encendidos, grises cárdenos iluminan los campos de vides, las alamedas, los barbechos, las apretadas huertas. Los caminos se llenan del manto dorado y rumoroso de la hojarasca, la atmósfera es tenue, suave. Pinceladas de niebla algodonosa se pegan a la ribera de los ríos, difuminan el perfil de los campanarios de los pueblos, mientras en lo alto el cielo es pálido, ligeramente azul. Tierra codiciada desde tiempos medievales por Navarra y Castilla, escenario de cien batallas, fue cimentando su

La ruta compostelana a su paso por La Rioja, con los oros del otoño.

propia personalidad no en pasadas gestas gloriosas, sino en la inteligente filosofía del saber vivir. El riojano posee un carácter extravertido, cordial y jocundo.

El Camino de Santiago atraviesa La Rioja desde el Ebro hasta Redecilla, ya en las lindes de Burgos, siguiendo el mismo trazado que hiciera, a comienzos del siglo XII, Santo Domingo de la Calzada. Se cortan entonces selvas, se desbrozan vías romanas, se alzan puentes, iglesias, conventos, hospitales. El fuero de Logroño, de tiempos de Alfonso VI, consigue traer a la comarca una importante colonia de mercaderes y artesanos francos.

Las torres de la iglesia de Santa María del Palacio, de Logroño, se reflejan en las aguas del Ebro.

Logroño, al otro lado del río Ebro, entre los árboles, presenta el perfil gris velado por la niebla de sus torres, sobre las que se destaca la flecha medieval de Santa María del Palacio. Corre el río entre cooperativas vinícolas, choperas, sauces, playas artificiales, dando a la ciudad holgura y distancia. Tres puentes saltan sobre las aguas. Uno colgante, moderno "de diseño"; otro de hierro, funcional, decimonónico, y el antiguo de piedra, con robustos pilares cilíndricos entre ojo y ojo, y los arcos de medio punto bien resueltos. Fotos del siglo pasado nos lo muestran todavía como una impresionante puente peregrina, con sus torretas para el cobro de peaje. Fue originariamente alzado por Domingo de la Calzada, en el siglo XII, reconstruyéndolo más tarde Juan de Ortega.

Logroño. En lo alto de la iglesia dedicada al Apóstol, Santiago Matamoros cabalga sobre las cabezas de la morisma.
A su derecha: fachada gótica del templo de San Bartolomé, donde se muestran su vida y milagros.

Entre el río y el paseo del Espolón se halla la ciudad vieja, las iglesias y conventos, las casonas señoriales, las puertas de las murallas. El más rancio y famoso de los monumentos urbanos es la *iglesia de Santa María del Palacio,* capilla románica palatina que el emperador Alfonso VII donó a la orden del Santo Sepulcro. Destaca por su preciosa torre de piedra del siglo XIV, parecida a la de la catedral inglesa de Salisbury, que se levanta en forma de flecha desde el cimborrio hacia el cielo. Cerca, en la misma Rúa Vieja, está el *oratorio de San Gregorio de Ostia,* italiano de nacimiento pero riojano de adopción, que realizó benéficos milagros por toda la comarca.

La *iglesia de Santiago,* junto al río, es la más relacionada con el Camino, guardándose en ella, durante muchos años, el archivo municipal y del cabildo. El edificio que vemos fue construido en el siglo XVI, y posteriormente se le añadió una gran portada barroca, obra del flamenco Juan de Raón, hacia 1660. En el arco superior campea una gran estatua de Santiago Matamoros subido a un descomunal corcel, que, por sus atributos, hizo las delicias del escritor irlandés Walter Starkie, comparándolo con el Bucéfalo de Alejandro.

El *templo de San Bartolomé* es otra de las joyas medievales de Logroño. La arenisca gris en la que se hizo la labra de la portada ha sufrido la erosión del tiempo, difuminando el conjunto de figuras que relatan el despellejamiento del santo, y su predicación en carne viva, como si nada hubiera ocurrido. También se narra el

Logroño. Soportales del lado norte de la plaza Mayor.

descubrimiento y traslado de sus reliquias. El interior, del siglo XIV, presenta tres naves con ábsides románicos; algunos sepulcros rotos muestran imponentes caballeros santiaguistas.

La plaza Mayor, con sus amplios soportales, junto a la *basílica de Nuestra Señora la Redonda,* forman el corazón de la ciudad. Un pulso de vida provinciano, pausado, ameno, sin sobresaltos, donde es agradable contemplar el transcurrir de las horas. Todavía se encuentran tiendecitas antiguas, llenas de colorido, que harían las delicias del pintor Alcaín. El Mercado Municipal parece un museo de frutas y verduras, de vacuno y cordero, de frescos peces venidos del Cantábrico. En Logroño se almuerza antes que en cualquier ciudad de España, lo que nos habla de la bondad de sus productos y vinos. La "zona húmeda" aprieta sus tascas y bares pared con pared; cuando la luz de la tarde se amortigua, entra en ebullición, se enciende, hasta convertirse por la madrugada en la inevitable "senda de los elefantes".

El *paseo del Espolón,* donde empieza la ciudad moderna, con sus árboles, jardines y bancos, está siempre concurrido. Niñeras de blanco con sus cochecitos, canónigos con manteo y teja, jubilados, reclutas, parejas de novios desfilan, como en una

Logroño. Una tienda de la parte vieja, con todo el colorido de antaño.

postal antigua, ante el monumento ecuestre al general Baldomero Espartero, hijo ilustre del lugar. Aquí vivió retirado los últimos años, en un palacio barroco propiedad de su mujer, doña Jacinta Martínez de Sicilia.

El último tercio del siglo pasado fue beneficioso para Logroño, iniciándose un lento despegue industrial. Se creó una industria metalúrgica y textil, se promocionaron, a nivel nacional, sus vinos y conservas. Hasta hace muy poco, la mayor parte de sus habitantes eran agricultores, bodegueros, vivían de las rentas, de la enseñanza, la administración o el comercio. Hoy día, como es lógico, las cosas han cambiado mucho. El sector económico de los servicios, como en tantos lugares, ha desbancado a los demás.

Sale el camino de la ciudad pasando junto a los restos del *hospital de San Lázaro,* para leprosos. El paisaje se dilata, el corazón parece ensancharse: tierras rojas, alfombras de verdor, cereales, viñedos, olivos. Estos campos, en el trayecto hacia Nájera, fueron escenario de sangrientas batallas entre castellanos y navarros, que se disputaron durante siglos las fértiles tierras de La Rioja.

Navarrete es plaza fuerte, escalonada en el cerro Tedeón, bajo su gallardo castillo, del que sólo queda la memoria. El pueblo guarda, sin embargo, una airosa arquitectura popular, abigarrada, compacta, con pasadizos y recovecos, aleros, escudos, calles concéntricas y laberínticas. Urbanismo medieval que poco a poco se va perdiendo en aras de la modernidad. La imponente *iglesia renacentista,* de tres naves, fue levantada por Hernando de Mimenza, siguiendo planos de Juan de Vallejo. Posee un interior suntuoso, con bóveda estrellada y retablo de Churriguera; en la sacristía puede verse un tríptico flamenco.

El Camino entra en la villa por la *puerta de Santiago,* cuya representación, adecuada al bélico lugar, es la del Matamoros. El famoso *hospital de San Juan de Acre,* fundado en 1185 por doña María Ramírez, estaba ya arruinado en el siglo XIX, y sus restos se montaron en las puertas del cementerio, junto a la carretera. Consta de tres arcos, dos correspondientes a las ventanas y el central a la puerta. Junto a los clásicos motivos caballerescos y moralistas, aparecen capiteles reproduciendo escenas cotidianas: peregrinos andando o comiendo. Si penetramos en el cementerio veremos que es un lugar emocionante, con muchas tumbas de romeros antiguos y contemporáneos, que no consiguieron nunca llegar a Compostela. Unas flores los recuerdan.

Navarrete es villa hidalga y blasonada. Sus campos fueron testigos, en el siglo XIV, de la fabulosa batalla entre Pedro I el Cruel y su hermanastro Enrique I de Trastámara. El cementerio guarda la portada del desaparecido Hospital de San Juan de Acre, fundado en el siglo XII.

Vista parcial de Nájera y el río Najerilla.

Nájera, como indica su etimología islámica –*Náxera*– es lugar entre peñas. Bajo la montaña rojiza, con formaciones de arenisca estriada que parecen de hojaldre, se asienta la ciudad. Sus casas, de galerías policromas, miran el impetuoso cauce del Najerilla, que baja de la sierra cabrilleando con un espejo cegador.

La primitiva conquista del lugar por las tropas cristianas se remonta al año 923, bajo los estandartes del rey Ordoño II de León. Luego, los navarros se hicieron con ella. Sancho el Mayor trajo la corte hasta aquí desde Pamplona, naciendo al poco tiempo su hijo llamado don García el de Nájera.

Cuenta la leyenda que una mañana de primavera del año 1032, estando el rey don García de caza por las inmediaciones de

Nájera. Santa María la Real. Sombra de las ojivas del Claustro de los Caballeros, a la caída de la tarde.

su palacio, se cruzó en el cielo una preciosa paloma torcaz. En pos de ella voló el azor y ambos desaparecieron en las cárcavas de la montaña. En su búsqueda, el rey penetró en el interior de una profunda cueva, donde, iluminada por un extraño resplandor, encontró una imagen de Nuestra Señora. A sus pies había una olla o *terraza* con azucenas, junto a la que se encontraban en buena armonía, deslumbrados, el azor y la paloma. Para recordar el milagro, ordenó construir un monasterio en honor de la Virgen y crear la Orden de Caballeros de la Terraza, a la que pertenecieron, por cierto, numerosos reyes de Inglaterra.

El primitivo *monasterio de Santa María la Real* sería una compuesta fábrica románica de tres naves, con un bello altar mayor de esmaltes y pedrería realizado por artistas germanos. Así lo cuentan las crónicas. El que contemplamos en la actualidad es un soberbio edificio, realizado unas centurias más tarde, a finales del gótico, y su famoso Claustro de los Caballeros, el elemento más brillante y sugerente de todo el conjunto. Un fino encaje de piedra, lleno de belleza y empaque, que recuerda un poco la complejidad del último gótico portugués, el "manuelino". Entra la luz por las ojivas, sesga-

El Claustro de los Caballeros de Santa María la Real de Nájera fue labrado a comienzos del siglo XVI.

da según la época del año, proyectando variados juegos de sombras en sus paredes.

La iglesia es sobria, severa, maciza. Grandes pilares y recias columnas levantan tres naves cerradas por bóvedas de crucería o estrellas. Tras el altar mayor hay un retablo barroco sobredorado con las estatuas de los fundadores, presidido por una talla románica de la Virgen, bajo la que se encuentra la jarra o terraza con azucenas. Al fondo del coro, entrando por una escalinata guardada por dos alabarderos que visten las armas de Navarra, se llega hasta el Panteón Real, excavado en la roca. Aquí están las tumbas –entre otras muchas de reyes, reinas y príncipes– de don García el de Nájera y de su esposa, doña Estefanía Berenguer de Foix, hija de los condes de Barcelona.

El coro alto de la iglesia guarda una bella sillería de estilo gótico florido realizada, tres años después de la expulsión de los judíos de Castilla, por los hermanos Amutio, al parecer conversos. "Como suele suceder casi siempre en obras artísticas y piadosas en las que intervienen conversos y marranos –escribe Juan G. Atienza–, el entorno existencial hebreo logra siempre abrirse paso, más allá de las estrictas formalidades del encargo que se les hiciera. En este caso, varias figuras que se encuentran en torno al acceso desde la planta baja, nos muestran rostros y atavíos, que, según salta a la vista, corresponden a tipos judíos de la España de fines de siglo XV: probablemente son incluso retratos de varios de los artífices que intervinieron en la elaboración de este conjunto".

El coro sufrió, como el claustro y casi todo el monasterio, los crueles saqueos de la Guerra de la Independencia. Las tropas francesas, en su huida, abrieron las tumbas de los reyes, buscando coronas, brazaletes y sortijas, cargando con imágenes, tablas, relicarios y cuanto encontraron de valor. A todo ello siguió la desamortización de Mendizábal.

Santa María la Real poseía también una importante botica barroca. Gaspar Melchor de Jovellanos, viajero infatigable, había visitado esta farmacia detenidamente el 18 de mayo de 1785, testificando en sus notas de camino que había 400 tarros de la misma factura, siendo en general "buena y bella la botería de loza y vidrio, existiendo un amplio surtido de drogas; dos jardincitos con algunas plantas exóticas y hierbas medicinales". Hoy podemos contemplarla en el Museo Retrospectivo Cusí, situado en la localidad barcelonesa de El Masnou.

Página siguiente:
Botica barroca del monasterio de Santa María la Real. Nájera.
Imagen gótica de Santa María la Real. Sepulcros del rey don García de Nájera y de su esposa.

Flor viol.
Colocyn
133
122
Rup
My. Ind.

Vista del monasterio de Yuso, en San Millán de la Cogolla.

De Nájera sale el Camino por detrás de las peñas, por encima del caserío hasta alcanzar una meseta de tierras de labor, dominada por la crestería azul y blanca de la sierra de San Lorenzo. **Azofra,** donde había un hospital junto a la parroquia de San Pedro, alivia la sed de los caminantes en la llamada Fuente de los Romeros, que surge de una peña. Muchos peregrinos, deseosos de venerar reliquias y visitar apartados lugares de oración, se desviaban por la villa de **Cañas,** con su abadía cisterciense, hasta San Millán de la Cogolla. El campo, blando, mullido, con sus tonos verdes y marrones, se estrecha y suaviza buscando las aguas bulliciosas del río

Paisaje cerca de Berceo, con la sierra de San Lorenzo.

Cárdenas. En un marco natural encantador se encuentra **Berceo,** cuna del idioma castellano. Un cura de este lugar, llamado Gonzalo, allá por el siglo XIII, comenzó a poner en los papeles el habla de las gentes de la comarca, las leyendas que los pastores, los juglares, los caminantes le iban relatando a su paso. Aunque sabía latín, decía que él no era bastante docto para escribir en esa lengua, y se conformaba con el dialecto corriente de la gente honrada. En sus obras, Gonzalo de Berceo conjuga el candor de los más sencillos "Milagros de Nuestra Señora" con narraciones cultas de tipo caballeresco.

Detalle del interior del monasterio de Suso. Capiteles y arcos mozárabes.

San Millán de la Cogolla lo forman dos conjuntos monásticos. El de **Suso,** o de Arriba, es un cenobio anacoreta escondido en lo profundo del bosque. Un pequeño y emocionante templo de planta irregular y sabor mozárabe, que recoge los primitivos impulsos artísticos de la España cristiana. Arcos de herradura, bóvedas de nervios y de medio punto, preciosos capiteles, espacios laberínticos. El de **Yuso,** o de Abajo, fue transformándose en el transcurso del tiempo en un gigantesco complejo renacentista, con elementos, desde el último gótico florido hasta la gravedad del neoclásico.

Suso y Yuso, dos formas distintas de entender la llamada de Dios. Los anacoretas que, durante más que quinientos años, estuvieron en Suso, en contacto con la naturaleza, buscaron cada uno en su interior, la luz del conocimiento. Los frailes de Yuso, sometidos a una severa disciplina, con sus horas medidas y sus lecturas programadas, realizaron una importante labor cultural para la sociedad eclesiástica en la que estaban inscritos. Tenían a San

El monasterio de Suso, o de Arriba, en San Millán de la Cogolla, es un pequeño edificio mozárabe escondido en la montaña. Construido sobre otro anterior, de la época visigoda, fue consagrado oficialmente el año 984. En su pórtico meridional están las tumbas de los siete infantes de Lara, de princesas navarras, abades y anacoretas. Una de las capillas rupestres del interior guarda el sepulcro de San Millán.

Millán como patrono, pensaban continuamente en él, aunque quizá nunca se preguntaron si el santo fundador podría haber vivido aquí.

Cuentan sus biógrafos que Millán nació en la aldea de La Cogolla hacia el año 473 y que murió en su refugio de la montaña ciento un años más tarde. De joven fue un chico normal que apacentaba las ovejas vecinales; mas, perturbado un día por una resplandeciente visión, se retiró a una cueva de la vecina sierra para meditar sobre su alcance. Como era hombre escasamente letrado, pero de natural inteligente, comprendió, al cabo de un tiempo, que debía aprender, de momento, lo que otros ya sabían. Bajó de su refugio y fue en busca de san Felices, que vivía en el castillo de Bilibio y tenía justa fama de ser varón docto y prudente. Por su influencia, acabó tomando las órdenes religiosas, siendo ordenado por el obispo de Tarragona.

La vida en comunidad le resultaba extraña: les hablaba a sus hermanos de la presencia de Dios en el silbo de los pájaros, en la música que producen los árboles al ser mecidos por el viento, en el distinto rumor de los arroyos, en las luces del firmamento como signos que el hombre debe descifrar. Los otros frailes se burlaban de él, y Millán sufría con las chanzas de unos seres apegados a la rutina cotidiana, chatos y romos como los bancos de la iglesia.

Para colmo, Millán, que era hombre creativo e iluminado, ante el estupor de sus hermanos, harto de tanta mezquindad, un poco irritado quizá, se puso a hacer milagros. Unos milagros frescos, disparatados, geniales. Expulsó a siete demonios que llevaba un peregrino alemán camino de Compostela; cegó a unos mercachifles que habían hurtado una mula, y, para compensar, devolvió la vista a unos niños; multiplicaba los alimentos cuando estos escaseaban y los hacía menguar en época de Cuaresma; alargó una viga que se quedaba corta; hizo que lloviera en un huerto y se secara el vecino. También ejerció la profecía, anunciando el castigo de Leovigildo sobre los cántabros, tras su campaña contra los suevos.

Todo lo que hacía Millán resultaba desproporcionado para la ordenada comunidad a la que pertenecía. Estaba conturbando su paz por procedimientos poco regulares. Unos frailes le tenían envidia, otros le habían cogido miedo, algunos se apartaban de su lado como si fuera un poseso. No le podían aguantar. Al fin, consiguió dispensa del obispo y recobró la libertad perdida, volviendo a los intrincados bosques de robles y hayas de su juventud, allí donde silbaba el mirlo y corría el jabalí entre la hojarasca. Vivió durante cuarenta años escondido en una cueva, mirándose a sí mismo en el cielo, dando gracias a Dios. Y al olor de su santidad, fueron llegando discípulos: Aselo, Geroncio, Sofronio, Citronato, Potamia....

La Rioja es famosa por sus vinos y los buenos productos de su huerta. Mercado popular en Santo Domingo de la Calzada.

El Ayuntamiento, neoclásico, preside la plaza Mayor, con soportales, de Santo Domingo de la Calzada.

Santo Domingo de la Calzada, en el abierto y distendido valle del río Oja –que dio nombre a la región–, es ciudad agradable y acogedora, construida a lo largo del Camino. Así como san Millán habitó en los espesos bosques de la montaña haciendo una vida retirada, los santos de los siglos siguientes iban a abrirse al mundo, ayudando a sus semejantes de una forma práctica, concreta.

El humilde Domingo de la Calzada había nacido en el año 1019 en la aldea de Viloria de Rioja, hoy pueblo de la provincia de Burgos. Quiso profesar en el monasterio de Valvanera, pero nunca llegó a ser sacerdote, quizá por su poca facilidad para comprender los latines. Como era hombre rudo y emprendedor, busco santificarse haciendo caridad con los peregrinos que iban a Santiago. Comprendió entonces sus problemas, sus fatigas, y se dedicó en cuerpo y alma a resolverlos. Desde Logroño hasta Redecilla, un poco lo que él consideraba su jurisdicción, taló bosques, niveló la calzada, construyó puentes, hospitales y albergues.

Ábside y torre de la catedral de Santo Domingo de la Calzada.

Gracias a él nació una población que iba a tomar su nombre, cuyo *hospital de Romeros* aún se conserva, transformado en suntuoso parador de turismo. La *catedral,* alzada en su memoria, guardaría su tumba. Es un notable edificio gótico de varias épocas, adornado por una altísima torre barroca, cuyo tramo más elevado se ilumina por la noche, para orientar a los viajeros, como un faro. Aparte del valioso retablo mayor, obra del valenciano Damián Forment, de la sillería plateresca, de la Virgen del Coro, de las tablas flamencas, la catedral es un pequeño compendio de insólitas sorpresas. Lo mejor de todo es la famosa jaula, con un gallo y una gallina vivos, que cuelga de un muro del crucero.

Recuerdan el milagro de un peregrino injustamente ahorcado. El milagro en el que dos hermosas aves, cocinadas y servidas en guarnición en una fuente, se irguieron prorrumpiendo en estruendosos cánticos. Un conocido proverbio recuerda el suceso: *En Santo Domingo de la Calzada cantó la gallina después de asada.*

Página anterior:
Imagen de la Virgen del Coro, siglo XVII, en la catedral.

EL CAMINO DE SANTIAGO EN

CASTILLA

El peregrino entra en Castilla casi sin darse cuenta. La llanura dorada se ondula como una colcha, los pueblos son pequeños y sin pretensiones. En Redecilla del Camino se entretiene contemplando una pila bautismal románica que representa una ciudad fortificada, con sus torres y murallas. Después de Belorado, el terreno se accidenta, comienzan las suaves pendientes, los verdes juegan con los amarillos, los chopos se despliegan en guerrilla en la linde de los trigales. Villafranca Montes de Oca tiene el aspecto de ser ya un pueblo del norte. La gran iglesia dedicada a Santiago lleva en sus muros las marcas de los canteros medievales. A un paso está el Hospital de San Antonio Abad o de la Reina, lugar acogedor desde que lo fundara la reina doña Juana, esposa de Enrique II de Castilla. En sus puertas los peregrinos se agrupaban por nacionalidades, para pasar juntos los temidos Montes de Oca, un espeso robledal poblado por alimañas y bandidos.

Tras las montañas aparece el Santuario de San Juan de Ortega, discípulo de Santo Domingo de la Calzada, dedicado también en cuerpo y alma a construir puentes y hospitales. Éste fue el último que hizo, en él se encuentra su sepultura. Cuentan que en 1450 vino aquí la reina Isabel la Católica, y entonces se levantó la lápida que cubría el cuerpo del fundador. Apareció un enjambre de abejas blancas: eran almas de niños no nacidos, apartadas por el santo para aquellas mujeres que deseasen tener un hijo varón. Isabel la Católica, tras veinte años de esterilidad, tuvo un niño, el príncipe Juan, destinado, si la suerte lo hubiera querido, a ser el sucesor de la dinastía.

Las torres góticas de Burgos, la gran ciudad de Castilla, se disparan en el cielo como un desafío, alegrando el corazón del peregrino. Son muchas las maravillas que puede contemplar, comenzando por la catedral de Santa María, donde debe ir para dar gracias a Dios. El peregrino está hambriento, fatigado, cubierto del barro del trayecto. En su largo recorrido por la ciudad encontrará la caridad en numerosos hospitales, desde el de San Juan Evangelista, a sus puertas, hasta el Hospital del Rey, a la salida, muy cerca del monasterio de las Huelgas.

Pasado Burgos, el paisaje se dilata, los horizontes se alejan. Es una tierra dura y parsimoniosa, donde el viajero boloñés Laffi verá a un peregrino comido por los lobos y a otro agonizando bajo una nube de langostas. Pasa el Camino entre las ruinas góticas del Convento de San Antón de Castrojeriz, donde unos perros acosan a los pacíficos romeros. Durante la Edad Media los monjes del convento hacían milagros, curando el "fuego de San Antón" o "fuego sagrado", una especie de lepra gangrenosa.

Atravesando el largo puente de Fitero, sobre el Pisuerga, se entra en la provincia de Palencia. El horizonte es plano, los campos un mar de trigo mecido por el viento. Pueblos de adobe se agazapan bajo sus iglesias, tan grandes como catedrales. Frómista es uno de los hitos del trayecto. En su perfecta iglesia románica de San Martín, rubia como una pan de hogaza, se dan cita peregrinos de diversas naciones. Un poco más allá, Villalcázar de Sirga, con su enorme templo construido en honor de la Virgen Blanca, que celebra el rey Alfonso X el Sabio en sus famosas "Cantigas". Carrión recuerda a los condes que se casaron con las hijas del Cid. Fue una ciudad muy importante en la Edad Media, de la que restan valiosos recuerdos. El Cristo románico de la iglesia de Santiago tiene toda la gravedad y belleza de un dios del Olimpo. En la fachada del templo de Santa María de las Victorias está labrado el famoso Tributo de las Cien Doncellas.

Pila bautismal románica de Redecilla (siglo XI).

Página anterior:
El Camino entra en la provincia de Burgos por un paisaje escueto y hermoso.
Arquitectura medieval en Redecilla.

Redecilla del Camino —*la Rediecellas* de la "Guía Calixtina"—, también conocida antiguamente como *Redecilla de los Francos,* es el primer pueblo de la provincia de Burgos. Un recio crucero de granito marca el arranque de la calle Mayor, con construcciones de una planta de adobe y piedra, escudos nobiliarios y aleros.

La *iglesia parroquial,* renacentista, está dedicada a la Virgen de Ayelgas, que viene a habitar el templo, desde su ermita, el día de San Isidro, para retornar a ella hacia mediados de agosto, pasada la fiesta mayor. El edificio es amplio y armónico, con altares barrocos y una valiosa talla del Crucificado. Pero lo más interesante, desde el punto de vista artístico, lo constituye la magnífica *pila bautismal románica,* del siglo XI. Ocho brazos, que parten del pilar, simulan sujetar la gran copa de piedra. Son los torreones de una abigarrada ciudad oriental, llena de puertas, ventanas, miradores, tejadillos, pasadizos; todo ello labrado en distintos planos y envuelto por cenefas, dientes de sierra, trenzados. Representa a la Jerusalén Celestial, a la que se llega, tras un largo camino iniciado con las purificadoras aguas del bautismo.

Belorado, a los pies de un árido teso calizo en el que se dibujan las ruinas del castillo, tuvo orígenes romanos. Es la *Belfuratus* de Calixtino, "lugar estrecho entre montañas". Animada población comercial, sin grandes testimonios de su pasado, cuya vida gira en torno a la plaza Mayor, presidida por la *iglesia de San Pedro,* con sombreados plátanos y un quiosco de música.

La *parroquial de Santa María,* del siglo XVI, posee una capilla dedicada a Santiago, mandada construir por don Gonzalo del Monte, inquisidor de Valladolid y Zamora. Cerca del río Tirón, cruzado por la antigua calzada romana de Astorga, se encontraba el *hospital de San Lázaro y la Misericordia,* que guardaba una serpiente de tres metros de longitud. Según cuentan las historias, el bicho fue muerto por un romero, con el que entabló desigual combate. Belorado tuvo como patrono a san Vítores, que no cesaba de predicar a los árabes, desde las murallas, cuando el asedio medieval. Dicen que una vez preso seguía imperturbable con su plática, en vista de lo cual decidieron cortarle la cabeza. Lo que no sirvió de nada, porque, con la cabeza bajo el brazo, continuó su prédica incontenible.

Tosantos, dos leguas más allá, presenta la curiosa estampa de su ermita de *Nuestra Señora de la Peña,* empotrada en la montaña y rodeada de cuevas de ermitaños. Nos hace recordar a los santuarios del lejano Oriente.

Página siguiente:
Ermita rupestre de Nuestra Señora de la Peña, en Tosantos.
Caserío de Espinosa del Camino, un pueblo medio en ruinas.

Belorado.
Plaza Mayor y parroquia de San Pedro.

Villafranca Montes de Oca, al comienzo del puerto de Pedraja y del bosque, tiene el aspecto de un pueblo del norte. Las casas, más recias y altas, de tejados inclinados, se escalonan en distintas alturas, encontrándose a mitad de la cuesta la *iglesia parroquial de Santiago,* cuya última reconstrucción corresponde a tiempos barrocos. Su pila de agua bendita es una preciosa concha traída de Filipinas, una gran "vieira", símbolo de la ruta estrellada y, a su vez, representación de la "pata palmeada" de los *maçones* o constructores de templos.

Los canteros dejaban sus marcas en las piedras, en las paredes de las iglesias, a menudo en forma de cabeza o pata de oca. Era una especie de firma, y al mismo tiempo una clave para los iniciados. El poder temporal de la Iglesia no permitía a sus fieles la más mínima desviación ideológica, pues había sido abolido, por decreto, todo el paganismo antiguo. Dicen que el inocente *juego de la oca,* en una segunda lectura, se basa en el largo trayecto que los romeros seguían hasta su meta. Hay puentes, posadas, pozos, cárceles, laberintos y hasta la misma muerte.

La iglesia de Villafranca está dedicada al Apóstol.
Escudo de los Reyes Católicos en el Hospital de San Antonio Abad (derecha).

La ermita de Valdefuentes era el ábside de la iglesia del hospital medieval dedicado a Santiago. Junto a ella, peregrinos en bicicleta.

El *hospital de san Antonio Abad* o *de la Reina* de Villafranca fue fundado el año 1380 por deseos de doña Juana, esposa del rey Enrique II de Castilla. En su puerta campea ahora el escudo de los Reyes Católicos, con el águila nimbada de San Juan, las flechas de Fernando y el yugo de Isabel. Por encima está la campana que sonaba tres veces al día, y a menudo en épocas de niebla, llamando a los peregrinos perdidos en la montaña. La cocina poseía un respetable hogar cuadrado, con dos filas de asientos de obra; en el fuego ardía siempre un puchero con verduras y carne. El peregrino alemán Küning y el italiano Laffi recomiendan este hospital "por sus excelentes raciones, su limpieza y la mucha caridad que se recibe".

A sus puertas, los peregrinos se agrupaban por naciones, para atravesar juntos los temidos *Montes de Oca,* infectados de lobos y de forajidos. Estaban cubiertos por un espeso robledal, que va siendo sustituido por "pinus insignis" de ICONA. Pasado el puerto de la Pedraja se encuentra la ermita gótica de **Valdefuentes,** capilla que formaba parte del desaparecido hospital de Santiago.

Capilla de San Nicolás, en San Juan de Ortega. Fachada renacentista. Derecha: *Hospital de Peregrinos sigue acogiendo a los romeros.*

San Juan de Ortega es uno de los hitos del Camino Francés. Ahora, como entonces, los peregrinos llegan por la senda que, partiendo del hospital de Villafranca, pasa por Valdefuentes y alcanza el conjunto hospitalario por los ábsides románicos de la iglesia. Su albergue, con un buen patio renacentista, los acoge.

El conjunto de construcciones, de muy diversas épocas, desde el siglo XII hasta el siglo XVIII, está pensado para dar reposo a los caminantes y también culto a los restos del santo fundador. Bajo el baldaquino gótico de la iglesia y el cenotafio, obras de Gil de Siloé y Pedro Velasco, se halla una impresionante cripta que contiene el sepulcro de San Juan de Ortega.

Su vida, al estar más cerca de nosotros en el tiempo, resulta también más documentada. Nació en la aldea burgalesa de Quintana Ortuño, cerca de Vivar del Cid, hacia el 1080. Su familia era noble y rica, pero él decidió abrazar la santidad. Tras estudiar en un seminario se hizo discípulo de Santo Domingo de la Calzada, ayudándole en su tarea de abrir bosques, levantar puentes y hospitales. A la muerte del maestro, se dirige en peregrinación a Tierra Santa, y sufre los peligros de un naufragio en alta mar. Tras regresar sano y salvo a su patria y abrazar a su familia, se retira a los entonces salvajes montes de Oca, donde construye la iglesia y el albergue para romeros.

Dos fechas al año, el monasterio de San Juan de Ortega reúne una abigarrada multitud de jacobeos, esoteristas, místicos y

El Camino llega a San Juan de Ortega. Ábside románico de la primitiva iglesia, construida por el santo.

simplemente curiosos. Son el 21 de marzo y el 21 de septiembre, que coinciden con los equinoccios de primavera y de otoño. Entonces, a las cinco en punto de la tarde, hora solar, un rayo de luz penetra por una ventana del templo, y, como en una secuencia cinematográfica, va iluminando los diversos capiteles del ábside: la Anunciación, Nuestra Señora, la Visitación, hasta la figura de un anciano con báculo en forma de Tau, que se identifica con San José. Dos días antes y después del equinoccio, se repite la "sesión". El sugestivo "milagro", conocido hasta hace unos años solamente por el párroco del lugar, don Miguel Alonso, demuestra la perfección, delicadeza y misterio con los que eran concebidas las obras medievales.

La **Cartuja de Miraflores,** sobre un altozano, rodeada de un bosque de álamos, es el primer monumento importante que se encuentra antes de llegar a Burgos. Fue Real Sitio en tiempos de Enrique III de Trastámara, quien levantó un palacete desde el que salía a cazar el corzo, el venado, el jabalí. Más tarde, Juan II, habiendo ardido el pabellón de caza, cede sus terrenos hacia el año 1441 a los frailes de clausura de San Bruno.

La iglesia de Miraflores fue comenzada en 1454 por Juan de Colonia, cobrando el impulso definitivo en tiempos de Isabel la Católica, cuando decide convertir el lugar en solemne mausoleo para sus padres. Así, hoy podemos contemplar, junto a las escalinatas del presbiterio del templo, el magnífico *cenotafio, en alabastro,* de Juan II de Castilla y de su mujer, Isabel de Portugal. Son obra del converso Gil de Siloé, que supo infundir a las figuras toda la belleza del último gótico, toda la serenidad del primer renacimiento. Detrás del cenotafio se encuentra el *soberbio retablo mayor,* argumentado a fines del siglo XV por Gil de Siloé y el pintor Diego de la Cruz. Preside el abigarrado conjunto plateresco un soberbio Crucificado, con el Padre Eterno y el Espíritu Santo tomando las puntas del madero. Entre la multitud de personajes que aparecen, está un divertido peregrino, que reposa a los pies de Santa Catalina, junto a la estatua orante de Juan II de Castilla, sujetado por el propio Apóstol Santiago.

Iglesia gótica de la Cartuja de Miraflores, construida como panteón de los padres de Isabel la Católica.

Página siguiente:
Detalle del retablo mayor, obra de Gil de Siloé. Vemos un peregrino descansando y al Apóstol protegiendo al rey Juan II de Castilla.

Burgos. Panorámica de la catedral y la ciudad desde el castillo.

Burgos es la ciudad del gótico. Sus torres apuntan al cielo como en un desafío. El exterior de la catedral traduce en piedra una sinfonía de gloria y poder, es un alarde de esplendor y belleza. El origen de Burgos arranca del castillo, en lo alto de la colina, dominando el fértil valle del Arlanzón. Junto a él crecerá el primer *burgo* de casas, amparado por un cinturón de murallas. A partir del siglo XI se iniciará el descenso hacia la parte más llana, hacia el río. Surgen así numerosos barrios o *burgos*, agrupados alrededor de sus parroquias, que suelen tener un aspecto fortificado: San Esteban, San Lorenzo, Santa María, San Juan... Como en Segovia, como en tantos otros lugares de Castilla, el caserío de las diversas parroquias acabaría por unirse para formar un todo armónico, una sola ciudad.

El castillo resultaría hecho añicos en la Guerra de la Independencia, al hacer estallar los franceses, en su retirada, el polvorín. Con la onda expansiva, los vitrales de las iglesias más cercanas, entre ellas la catedral, quedarían pulverizados. Se conservan

Burgos. Puerta de Santa María, río Arlanzón y torres de la catedral.

algunas puertas de las antiguas murallas, como la de San Esteban y San Martín. La puerta de Santa María, al comienzo del paseo del Espolón, es obra de mediados del siglo XVI, al encargar el municipio a Juan de Vallejo y Ochoa de Asteaga un monumento conmemorativo de sus héroes locales, que fuera baluarte militar y arco triunfal al mismo tiempo.

Cuando los peregrinos veían dibujarse en la lejanía las afiladas torres de Burgos, se sentían seguros, un suspiro salía de sus gargantas. Llegaban a una importante ciudad, final de una etapa, donde repondrían fuerzas durante unos días. Numerosos hospitales, de los que queda testimonio, les acogían dándoles caridad: la Concepción, San Juan Evangelista, del Emperador, de Malatos, del Rey... Burgos posee dos historias que corren paralelas una a la otra. La historia militar y política, como capital de Castilla, y la historia jacobea. "La ciudad fue edificada a fines del siglo IX y poblada por el séquito del Conde Diego Porcelos –nos cuenta Walter Starkie–, cuyo nombre, derivado del latín *porcelli* o cerditos, era un

Burgos. Cimborrio de la catedral desde la plaza de Huerta del Rey.

recuerdo, según la tradición, de su propio nacimiento, ya que su madre los llevaba a él y a sus seis hermanos en el vientre, tal como las cerdas llevan a una lechigada de siete. Después de su sucesor, Fernán González, Burgos se convirtió en el centro de los poemas épicos del Cid Campeador y de su querella contra el rey Alfonso VI. Cuando paseo por las calles de la ciudad, por la plaza Mayor, y, sobre todo, por el concurrido Espolón, que bordea el río con sus árboles y flores, mis pensamientos se vuelven hacia el Cid. Pienso en él no como Roldán, que era magnífico a la manera de Dios y que podía invocar siempre lo sobrenatural para que le ayudase en la lucha, porque el héroe nacional de España, a diferencia de Roldán, no perteneció a la más alta aristocracia, sino a la clase de los escuderos, y sus ingresos provenían de sus molinos en el río Ubierna. En vez de un héroe arrogante nos encontramos un monarca desagradecido. Uno de los pasajes más patéticos de todo el poema es la descripción que nos hace del héroe cabalgando tristemente con sus hombres por las calles de Burgos la primera noche de su destierro. Nadie le abre la puerta ni le recibe en su casa por temor a la cólera del rey, pero se encuentra con un muchacho de nueve años que lo consuela y que le desea buena suerte; y hace girar a Babieca y cabalga hasta la iglesia de Santa María para rezar una oración antes de acampar con sus leales deudos fuera de las puertas de la ciudad, en el cauce seco del río.

A la mañana siguiente, el Cid y su mesnada levantan las tiendas, dirigiendo una última mirada hacia las torres de la catedral, al otro lado del río Arlanzón. *"La cara del cavallo tornó a santa María / alçó su mano diestra, la cara se santigua..."*, relata el cantar de gesta del siglo XII. Era la catedral románica, construida hacia 1081, en tiempos de Alfonso VI, de la que tan sólo restan como recuerdos algunos capiteles en el claustro de la actual basílica.

Página siguiente:
La fachada principal de la catedral de Santa María se fue componiendo en diversas épocas, desde el inicio de su construcción, a comienzos del siglo XIII. Las agujas que rematan las torres son de Hans de Colonia, hacia 1442. El primitivo portal mayor gótico estaba dedicado a la Salutación y el Perdón. Al encontrarse deteriorado, fue sustituido, sin piedad, en 1790, por la gran puerta neoclásica.

A finales del siglo en el que vivió el Cid se pensó ya en derribarla y alzar una nueva catedral de estilo gótico, a la moda de entonces, como comenzaban a hacer las ciudades más florecientes de Europa: Reims, Praga, Colonia, Estrasburgo... La sencilla seo románica de Burgos se había quedado pequeña, el poder necesitaba un nuevo exponente de su esplendor político, de su pujanza económica. El obispo Mauricio, en 1218, viajaría como embajador real por Alemania y Francia, pues el joven rey Fernando III de Castilla deseaba contraer matrimonio con Beatriz de Suavia. Estuvo bas-

Catedral de Burgos. Fachada del Sarmental, presidida por Cristo Doctor, rodeado de los cuatro evangelistas.

Claustro de la catedral de Burgos y tímpano de la fachada de la Coronelía, en el muro norte. Un Cristo Juez, entre la Virgen y San Juan, preside a los elegidos y condenados. Tiene un claro influjo de la decoración escultórica de Chartres.

tante tiempo en Spira y París, donde comenzaban a alzarse los nuevos templos góticos. Cuando regresó a Burgos tenía ya las ideas muy claras. La boda del rey castellano con la princesa alemana, celebrada en 1219, sería la última ceremonia que albergaría el viejo templo románico. Dos años más tarde fue colocada la primera piedra del edificio actual.

Durante el siglo XIII se terminó toda la fábrica del templo, en una cadencia seca al gusto francés, alzándose entonces los preciosos tímpanos del Sarmental, al sur, y de la Coronelía, al norte.

Pero, ¡oh desgracia!... Una vez terminada, la catedral se había quedado otra vez chica, como si esta historia tan real fuera un cuento interminable y absurdo del escritor Franz Kafka. ¿Qué hacer? ¿Derribarla de nuevo? ¿Construir otra más majestuosa?... El tema era muy fuerte, suponía un costo tremendo para la ciudad, que se negó en redondo a aceptar.

Y entonces, en el transcurso del tiempo, la catedral, como aquellas personas que han llegado a una buena situación económica, fue ensanchándose por los lados. Se construyeron enormes capillas, sacristías, salas capitulares, un nuevo claustro, se idearon fachadas fantásticas culminadas en un encaje de piedra, se levantan cimborrios, cúpulas, pináculos, torres... Ahí tenemos el resultado: la catedral de Burgos es un edificio impresionante en su exterior, pero su interior decepciona un poco al no encontrar la perspectiva de las tres grandes naves que llevan hacia el altar mayor, como en otros lugares. No tiene la armonía y hermosura de la de León, por ejemplo. Ni de la de Palencia, siquiera. Resulta más bien como un museo, interesantísimo, lleno de salas y atiborrado de obras de arte.

Catedral de Burgos. Detalle de la capilla de la Purificación o del Condestable. Aquí reposan los fundadores, doña Mencía de Mendoza y don Pedro Fernández de Velasco, Condestable de Castilla. Es obra de Simón de Colonia, Diego de Siloé y Felipe de Bigarny.

La *fachada principal,* que mira a occidente, en la plaza de Santa María, con sus dos altas torres gemelas, es la de mayor impacto. En tiempos del obispo Mauricio, las torres eran chatas, al modo de Notre Dame de París, terminando en sendas terrazas. Años más tarde, el obispo Alonso de Cartagena, judío converso, hombre creativo y emprendedor, acudió como representante de Castilla al Concilio de Basilea, aprovechando para visitar Alemania y sus iglesias. Quedó fascinado con las flechas góticas que se ultimaban por entonces. Y trajo consigo a Burgos a Hans de Colonia, para que alzara, sobre las terrazas de su seo, sendas esbeltas pirámides caladas en piedra.

Otro obispo, don Luis Osorio de Acuña, mandó construir nuevas torres sobre el crucero, que por desgracia cayeron en un pequeño temblor de tierra. Más tarde, ya en el siglo XVI, Juan de Vallejo levantaría el actual *cimborrio,* una complicada y fastuosa linterna entre arabizante y germana, bajo la que se encuentran los sepulcros del Cid y de doña Jimena. El *altar mayor,* renacentista, obra de Rodrigo de la Haya, está presidido por una imagen en plata de Santa María, a quien está dedicado el templo.

Trece capillas de grandes proporciones rodean las naves, en las que no falta, como es lógico, la advocación a Santiago Apóstol. El poder de los eclesiásticos y nobles de la ciudad traerá consigo la ruptura de la unidad arquitectónica del conjunto, en su deseo de construirse grandes ámbitos funerarios. La *capilla del Santísimo Cristo,* con sus túmulos arzobispales, es impresionante, sólo aventajada por la de la *Purificación o del Condestable.* Por su empa-

Cimborrio de la catedral de Burgos, construido por Juan de Vallejo hacia mediados del siglo XVI.

que, viene a ser como "una catedral dentro de la catedral". Es el momento en el que el gótico burgalés se funde con el plateresco renacentista. Fue levantada junto al ábside por deseos de doña Mencía de Mendoza, hija del marqués de Santillana y viuda de don Pedro González de Velasco, Condestable de Castilla. Sendos túmulos italianizantes de notable majestad acogen las sepulturas de los fundadores. Felipe Bigarny y Diego de Siloé intervinieron en los retablos y esculturas. Simón de Colonia trazó la bellísima estrella transparente que cierra la cúpula.

Burgos. Iglesia gótica de San Esteban, dedicada a Museo de Arte Medieval.
Derecha: *Exterior del Monasterio de las Huelgas, que presenta el aspecto de una fortaleza.*

Burgos es ciudad de grandes monumentos y de un urbanismo ameno, que ha mejorado bastante en los últimos lustros, deslindando lo viejo de lo nuevo. Grandes alamedas rodean el curso del Arlanzón, paseos magníficos para los amantes de la naturaleza, que pueden caminar varios kilómetros bajo los árboles, desde la Cartuja de Miraflores hasta el Hospital del Rey. El perfil de la catedral domina el caserío antiguo, donde surgen también en el cielo otras torres góticas.

San Esteban, bajo las murallas del castillo, es templo de gran empaque, con un pequeño claustro al mediodía. Está dedicado a albergar el Museo de Arte Medieval, recogiendo encantadoras obras artísticas de toda Castilla. *San Gil,* junto a la puerta de su nombre, posee un hermoso interior lleno de notables esculturas y cenotafios. *San Nicolás,* en la plaza de Santa María, guarda un retablo en piedra de Francisco de Colonia. *Santa Gadea* fue testigo de los famosos juramentos del rey Alfonso en presencia del Cid.

En la arquitectura civil renacentista destacan la *Casa de Miranda,* que alberga el Museo Arqueológico, y la *Casa del Cordón,* esta última en poder de una conocida entidad financiera. Su fachada, chocante muestra de humildad y soberbia al mismo tiempo, presenta un enorme cordón franciscano en piedra como orla a los escudos de los Velasco y los Mendoza, sus constructores; por encima hay un sol resplandeciente. En este histórico palacio vivieron Felipe el Hermoso, doña Juana la Loca, Francisco I de Francia y el emperador Carlos V. Hoy día aparece lleno de cajeros automáticos y de ventanillas bancarias, donde hace cola la gente para sacar dinero o comprobar su saldo.

Fuente mitológica en el primer recinto del Monasterio de las Huelgas.

Santa María la Real de las Huelgas, a la salida de Burgos, es un enorme monasterio cisterciense, fundado en 1187, rodeado de un pequeño caserío medieval. Por aquí pasaban los peregrinos que habían cruzado el puente de Malatos, junto al hospital de los leprosos, y caminaban por la llamada "senda de los muertos".

Al recinto, cerrado por dos murallas con almenas, se entra por la puerta de Alfonso I, a modo de fortaleza. Un grandioso patio recoge las perspectivas austeras y armónicas de un gótico primitivo de cadencia muy bella. El silencio es roto por el rumor de una fuente con cuatro monstruos mitológicos que enroscan sus colas.

Monasterio de las Huelgas.
Las "Claustrillas" es un patio abierto con jardín, construido en las postrimerías del estilo románico.

Otro arco ojival, del Compás, deja paso al recinto, donde está la iglesia fortificada con su galería a los pies. El conjunto arquitectónico presenta un empaque seco y hermoso, místico y guerrero, difícil de olvidar.

Leonor de Aquitania, hija de Enrique II Plantagenet de Inglaterra y hermana de Ricardo Corazón de León, esposa del rey castellano Alfonso VIII, fue la promotora de este monasterio, construido en terrenos donde la corte descansaba, se divertía, *holgaba*. La reina doña Leonor dirigió los planos del edificio, así como las normas y prerrogativas que debían regir la clausura. Dotó a la abadesa de las Huelgas de un enorme poder espiritual y temporal, sólo comparable al de algunos obispos. Podía firmar licencias para celebrar sacramentos y expedientes matrimoniales, y gozaba de plena soberanía civil, como un señor feudal, con derecho a prender y encarcelar, recibir tributos, escoger moneda, eximir del servicio al rey de criados y proveedores. El monasterio llegó a contar con cien "dueñas", monjas bernardas de alta cuna, que tenían bajo su tutela a sesenta novicias y cuarenta legas.

La paz de la clausura en el interior del patio de las "Claustrillas".

Su misión consistía en rezar por la institución monárquica y por el alma de los nobles difuntos sepultados en la iglesia, que terminó convirtiéndose en Panteón Real. Aquí están enterrados muchos reyes y reinas, entre ellos sus fundadores. Cuando, en 1942, el gobierno español creó una comisión encargada de abrir las tumbas, se encontró con la grata sorpresa de que no habían sido profanadas. Encontraron cuerpos momificados por las bajas temperaturas, mantos, vestidos, joyas y espadas. Algunos reyes medían más de dos metros de estatura; eran, sin duda, de "clase alta". Las representaciones de los libros y códices medievales, que nos muestran a los nobles como gigantes y a los siervos de la gleba como enanos, no andaba tan descaminada. Era real, no simbólica.

Las *claustrillas* es un patio abierto de estilo románico tardío, siglo XIII, sinfonía de arcos de medio punto. El *claustro de San Fernando,* gótico ojival, posee un aspecto austero, al estar tapiado para guardar mejor el calor. En la capilla de Santiago, una talla de Apóstol, con un brazo articulado que sujeta una espada, servía para armar caballeros.

El **Hospital del Rey** era el mejor de todos los que poseía la ciudad de Burgos. Mientras la reina doña Leonor de Aquitania, que era feminista encendida y tenía un gran carácter, se ocupaba de las obras del monasterio de las Huelgas, su marido, Alfonso VIII de Castilla, quizá menos ordenancista pero más caritativo, decidió construir cerca un hospital para los peregrinos que iban a Santiago. Lo fundó en conmemoración de la batalla de Alarcos, contra los moros, que tuvo lugar cerca de Ciudad Real, en 1195. Pero se vio obligado a capitular, una vez más, ante su mujer, concediendo a la abadesa de las Huelgas la fiscalización de las cuentas. Aquí se trataba a los jacobeos "a cuerpo de rey", dándoles durante dos días cama, sábanas limpias y buena comida.

El edificio fue ampliado en el transcurso del tiempo. Reinando Carlos V se construyó un cuerpo nuevo, con dos patios, presidido por la Puerta de Romeros. La iglesia tiene una fachada renacentista, con el Matamoros, y una extraordinaria puerta plateresca de nogal. Según unos es obra de Juan de Bigarny; para otros, de Francisco de Colonia o Juan de Valmaseda. Los bajorrelieves platerescos, de un realismo maravilloso, están divididos en cuatro escenas, que muestran la fatigosa marcha hacia Compostela de una familia peregrina, ayudada por el Apóstol Santiago.

Al otro lado de la calle, junto al cementerio, está la *ermita de San Amaro*, un romero francés que decidió quedarse aquí haciendo obras de misericordia.

Jardines del Hospital del Rey y Capilla de San Amaro (derecha), junto a la que hay un cementerio de peregrinos.

Página siguiente:
Puerta de nogal de la iglesia, atribuida a diversos artistas. Los bajorrelieves platerescos están divididos en cuatro cuadros. Una familia peregrina, protegida por el Apóstol, marcha hacia Santiago.

Pastor y rebaño cerca de Rabé de las Calzadas.

Página anterior:
Un gallo corona la fuente de Hornillos del Camino, frecuentado por los romeros. Campanario y reloj en la iglesia de Tardajos.

El Camino abandona Burgos y penetra en los páramos interminables que le llevarán hasta el Reino de León. Tierras abiertas, de horizontes lejanos, con pueblos de piedra, humildes y remendados, que se agazapan en las vaguadas, bajo la torre de las iglesias. Campos de cereales, amarillos en verano, ocres en otoño, blancos en invierno y maravillosamente verdes en primavera. Tierra llana, áspera, que cruzan los pastores, definida ya en los tiempos antiguos del galorromano Trogo Pompeyo como "dura para todos y parsimoniosa".

Desde el pueblo de **Tardajos** hasta **Rabé de las Calzadas,** sin embargo, el cauce del río Odra solía desbordarse y encharcar los campos vecinos, como todavía sucede en épocas de lluvia, dificultando la caminata. De ahí el conocido proverbio: "De Rabé a Tardajos, no te faltarán trabajos; de Tardajos a Rabé, libéranos Dominé".

En **Hornillos** había dos hospitales, uno dependiente del monasterio francés de Rocamadur y otro el de San Lázaro para leprosos. La sirga atraviesa el pueblo en una larga calle. Frente a la iglesia, hay una fuente coronada por un gallo de hojalata. Recuerda el milagro del peregrino y también a los francos que habitaron el lugar.

Sasamón. Tímpano meridional de la catedral de Santa María, réplica de la portada burgalesa del Sarmental.

Sasamón, pocas leguas más al norte, para aquellos que hacen esta etapa en automóvil, es villa somnolienta, que disfrutó de pasadas grandezas. Su perfil imponente de torres e iglesias, visto desde la carretera, nos lo confirma. Su historia es antigua, pues aparece ya en las crónicas de las guerras entre romanos y cántabros con el nombre de "Segisamonte"; estaba situada en la calzada imperial que unía Tarragona con Astorga. También fue importante en tiempos medievales, cuando poseía nada menos que una catedral románica, donación de la condesa de Mumadona.

Después se construyó una seo gótica copia en pequeño de la de Burgos, llamada también de Santa María, con una encantadora fachada al estilo del Sarmental, obra al parecer, de los mismos artistas. El templo, que ardió durante el siglo pasado y sólo se conserva en parte, esconde un delicioso claustro, lleno de paz.

Página anterior:
En Olmillos de Sasamón, los años de buena cosecha desbordan los graneros.

Olmillos de Sasamón, un poco más al sur y de menor formato, no sabe qué hacer con el trigo en los años de buenas cosechas. Rebosa los graneros e invade las calles. Hay aquí un pequeño castillo que perteneció a Don Pedro de Cartagena, caballero muy aguerrido del siglo XIV, aunque de familia judía conversa.

Castrojeriz. Ruinas del convento de San Antón. Sus frailes curaban aquí, en la Edad Media, de una especie de lepra o ergotismo que traían muchos peregrinos del norte de Europa.

Castrojeriz fue un castro celta romanizado. Los peregrinos franceses le llamaban, poéticamente, *Quatre Souris,* cuatro sonrisas. Pero su nombre, de más recia e hispánica etimología, posiblemente se relacione con el rey godo Sigerico. En el año 974, Fernán González le concede su famoso fuero, que crea una insólita *caballería villana,* formada por hombres del lugar sin noble cuna. Al historiador don Claudio Sánchez Albornoz, estos villanos hechos caballeros le sacaban de sus casillas. Le resultaban bárbaros, crueles, vengativos, pero sobre todos incultos y groseros.

Los peregrinos actuales, sobre todo si van en bicicleta, sonríen al enfilar la última recta sobre el camino dorado, en el que se ven las torres de Castrojeriz y la colina del castillo. Acaban de superar una prueba más de fuego en su aventura hacia Santiago. Dos kilómetros antes de la villa, el Camino y la carretera pasan por debajo de las *ruinas del convento de San Antón.* Allí, en los muros desmantelados, bajo las ventanas ojivales abiertas al azul del cielo, unos letreros, escritos con mala ortografía y peor intención, advierten que el lugar es "propiedad privada". Tres perrazos negros de largos colmillos blancos, acosan a los peregrinos que desean contemplar estas románticas ruinas. Así sigue parte del patrimonio de Castilla.

"San Antonio, el anacoreta de la Tebaida, era representado con el fuego entre las manos —nos cuenta Juan G. Atienza—, tal vez como símbolo de la transposición de la fuerza cósmica y solar

Página siguiente:
Vista de Castrojeriz, con la colina del castillo y la colegiata de Santa María del Manzano.

a la energía de los santos anacoretas y seres superiores como herederos de la mística del Sol. La Orden de San Antón, o de San Antonio Abad, fue fundada en Francia en el año 1093, al ser curado un noble de alta alcurnia del que llamaban *fuego de San Antón*, que era al parecer una especie de lepra, conocida también como *fuego sagrado.*"

Los caminantes centroeuropeos y nórdicos atacados de forma cruel por esta enfermedad eran objeto de una serie de ceremonias y exorcismos al llegar a este convento de Castrojeriz. Como tocar las llagas con un báculo en forma de tau. En su largo peregrinar hacia Santiago su enfermedad iba mejorando, hasta que al final de su viaje eran sanos y salvos. ¡El milagro se había producido una vez más!... La explicación científica se encuentra siglos más tarde. Los peregrinos provenientes de la Europa fría eran comedores de pan de centeno, infectado muy a menudo por el hongo del cornezuelo, *claviceps púrpura.* Al llegar a Castrojeriz y sus ubérrimas llanuras doradas, comenzaban a comer pan de trigo. Y esto era el comienzo de su curación.

En las afueras de la villa se encuentra la *colegiata de la Virgen del Manzano,* fundada en 1214 por doña Berenguela, madre del rey San Fernando; su interior guarda interesantes obras de arte, como un retablo de Mengs. El Camino, desde aquí, atraviesa literalmente Castrojeriz durante casi una legua, subiendo hasta la *parroquial de San Juan,* en la cota más alta.

En Itero del Castillo queda un torreón medieval, único resto de un poderoso recinto fortificado.

Página siguiente: *Picota gótica de Boadilla del Camino.*
Debajo: *Puente de Fitero, sobre el Pisuerga.*

A una legua, siguiendo nuestra ruta hacia occidente, está **Castrillo de Matajudíos,** cuya etimología, un poco fuerte a primera vista, recuerda, sin embargo, a los hebreos que vivían en una *mata* o colina, cerca de la fortaleza. Más allá, por campos dorados de trigo, encontramos **Itero del Castillo,** a la sombra de su torreón medieval, junto al mencionado "Ponteroso" o *"Pons Fiteria"*, citado ya por Aymeric Picaud en su guía. Es un precioso puente de piedra de once arcos, que salta por encima de las caudalosas aguas del Pisuerga. El río da límites a las provincias de Burgos y Palencia; frontera histórica también, en tiempos pasados, entre los reinos de Castilla y León. Justo antes de llegar al puente, los romeros encontraban cobijo en el *Hospital de San Nicolás,* fundado por Nuño Pérez de Lara en 1174. Las ruinas de su iglesia acabarían convertidas en una ermita.

Al otro lado del río, **Itero de la Vega** parece esconderse entre el verdor de su chopera. **Boadilla del Camino,** fundada por el conde Fernán Mentales, posee un buen *templo renacentista* dedicado a Santa María, con un Calvario del siglo XV y una robusta pila bautismal románica. En la plaza, la picota o *rollo gótico* daba cuenta de su jurisdicción. Hubo un albergue para acoger romeros, caridad de don Antonio de Rojas, presidente del Consejo de Castilla.

Frómista está cruzada de norte a sur por la carretera de Cantabria a la meseta, y de este a oeste por nuestra ruta hacia Galicia. La calle Mayor, con soportales, da amenidad a la población, que es también punto de encuentro de romeros. Posee tres iglesias, dedicadas a *Santa María, San Pedro* y *San Martín,* que perteneció al monasterio de su nombre, así como el *Hospital de los Palmeros y de Santiago,* convertido en la actualidad en un hotel con encanto. Frente a él, en la plaza, hay un sencillo monumento a San Telmo, patrón de los navegantes, nacido aquí precisamente, en este mar de trigo que el viento ondula.

Interior de la Iglesia de San Martín de Frómista, destacado ejemplo del influjo «cluniacense» en el Camino.

Exterior de la iglesia románica de San Martín de Frómista, restaurada a finales del siglo pasado.

Mas la joya del lugar es la famosa *iglesia de San Martín,* románica del siglo XI, de piedra caliza dorada y dúctil como una hogaza de Castilla. Aislada del resto del caserío, aparece como una pieza importante de ajedrez en el tablero artístico del Camino de Santiago. Es citada, sin falta, en libros y tratados de arte, junto con la catedral de Jaca y la basílica compostelana. A su alrededor se reúnen peregrinos, viajeros, curiosos. Viene a ser otro de los hitos, brújulas o faros del Camino Francés.

Auténtica maqueta de lo que debe ser una iglesia románica. Demasiado perfecta para ser cierta, resulta en términos generales un producto de las ideas románticas de fines del siglo pasado. En 1896 se realizó una apasionada restauración del edificio despojándolo de los elementos que el tiempo había ido sumando: se desmontó su alta torre gótica, se le quitaron añadidos renacentistas, se retiraron los altares barrocos, etc. Y se le puso aquello que faltaba. Total: quedó un templo magnífico, con tres naves y tres ábsides, bóvedas de medio punto, linterna octogonal, paradigma del estilo románico. Las fotografías del siglo XIX nos muestran una iglesia mucho más ruda y vetusta, pero también de mayor fuerza y carácter. Ha ganado en armonía lo que ha perdido en emoción.

Página siguiente:
Vista general de Villalcázar de Sirga y una escena de Carrión de los Condes.

Villalcázar de Sirga. Portada sur del templo dedicado a Santa María la Blanca, Virgen que, como Santa María de las Victorias de Carrión (abajo) protegía a los peregrinos.

Villalcázar de Sirga, conocida hasta el siglo XVI como *Villasirga,* fue corte del rey Alfonso X el Sabio, bucólico lugar de retiro, donde escribió el famoso libro de las "Cantigas de Santa María". Dedicado a la Virgen Blanca, la patrona, relata en él sus ingenuos y deliciosos milagros, las maravillosas curaciones. Devolvía la vista a los ciegos, el oído a los sordos, hacía andar a los cojos, perdonaba las culpas de forma simbólica. A un peregrino alemán ciego e impedido le partió el bordón en dos; ya no lo necesitaba, pues al liberarle de sus pecados había vuelto a ver la luz. A veces los milagros cobran un tinte humorístico. Un peregrino italiano había recuperado el oído y se quejaba de la monótona cháchara de su compañero, mudo de nacimiento.

La *iglesia de Santa María la Blanca* se proyectó en el siglo XII con ínfulas de catedral, adornada con dos torres y cinco ábsides. La merma de los caudales, los temblores de tierra, las desamortizaciones y guerras la confirieron un aspecto menos fantasioso. Aún así, lleno de empaque. La portada sur, con sus arquivoltas repetidas y su grandioso pórtico, resulta impresionante. En la capilla de Santiago se encuentran los sepulcros del infante don Felipe, hijo de San Fernando y de su segunda mujer, doña Leonor Ruiz de Castro. Su primera esposa fue Cristina de Suecia, repudiada por su hermano Alfonso X el Sabio, y enterrada en Covarrubias.

Carrión de los Condes fue riquísima ciudad medieval, que llegó a tener diez mil habitantes, cifra nada desdeñable para la época. Era la capital de Tierra de Campos, un buen enclave defensivo situado en una colina sobre el curso del río que le ha dado nombre. Aquí también estuvo la frontera de la Castilla Condal con el reino de León. Su importancia fue mucha, en ella se reunieron cortes y concilios. Aymeric Picaud la encuentra "próspera, industriosa, rica en pan, vino, carne y toda clase de productos".

El "Poema de Mio Cid" habla de los Condes de Carrión, que se casaron con las hijas del Cid, doña Elvira y doña Sol. En el robledal de Corpes, sufrieron la afrenta de ser atadas desnudas a un árbol por sus mismos maridos y golpeadas. Todo esto, como es sabido, motivó la venganza del Campeador.

Hoy día, Carrión de los Condes, lejos de sus pasadas grandezas y de sus turbulentas intrigas, es una villa tranquila, de casas bajas, sin mucha importancia, pero con buenos recuerdos artísticos. A un lado de la plaza Mayor, la *iglesia de Santiago* muestra una magnífica fachada románica, presidida por un Pantocrátor rodeado de estrellas, bendiciendo y con el libro. "Es la figura más

En la preciosa portada de la iglesia de Santiago, en Carrión de los Condes, un Cristo románico, rodeado de Tetramorfos, guarda la serena belleza de un dios griego.

Fachada del templo románico de Santa María de las Victorias, de Carrión de los Condes, y una calle de la zona antigua.

bella de la escultura medieval –nos dice José Fernández Arenas–: ofrece la serenidad de un Zeus de Fidias, la majestad del Cristo de Chartres y la bondad del Juez de Compostela. El detallismo de los pliegues que se mueven como las olas, como las nubes o como las hojas, nos hacen recordar al Creador del Universo más que al Juez. Los apóstoles de los lados son pura comparsa o acompañantes en la historia de la vida. En la parte inferior o terrena, dos capiteles con el tema del rico Epulón y el pobre Lázaro lamido por el perro sostienen la arquivolta con veinticuatro figuraciones. En teoría son los ancianos bíblicos pero en la práctica representan los oficios y trabajos del hombre que se convierten así en ritos salvadores."

Otra iglesia importante es *Santa María de las Victorias o del Camino,* también románica, situada al comienzo de la población. En su singular portada, llena de figuritas, ha querido verse la representación del "milagro de las cien doncellas" que los cristianos debían entregar todos los años a los moros como tributo. Unos toros de lidia, representados en la piedra, hicieron poner en fuga a los musulmanes. En el interior hay una bonita imagen de la Virgen de las Victorias, patrona del lugar.

El pan es el símbolo de la Tierra de Campos.
Considerada como «granero del Imperio» en tiempo de los romanos, la comarca ha sido dedicada desde entonces al cultivo del trigo y otros cereales (página siguiente).
Su paisaje, lleno de matices en primavera, se torna de un uniforme color dorado hacia mediados del mes de julio, poco antes de que comiencen las labores de la siega.

Al otro lado del río, cruzando el puente de piedra sobre el Carrión, se encuentra el *monasterio de San Zoilo,* actualmente un gran edificio renacentista y plateresco. Se fundó en el siglo XI por el Conde Gómez y su esposa Teresa. El epitafio, en el interior del templo, describe poéticamente esta caridad: "Aquí yace enterrada en esta sepultura la condesa doña Teresa, amada de Dios. Murió a los 9 días del mes de junio del año 1057 de Nuestro Redentor, y con razón le deben llorar todos. Edificó esta iglesia, el puente y el buen hospital para peregrinos, siendo parca para sí misma y muy liberal con los pobres".

Después, el Camino sigue derecho hacia Sahagún, por **Calzada de los Molinos, Calzadilla de la Cueza** y **Lédigos de los Templarios.** Es uno de los trayectos que menos recuerdos guarda. Tierras de pan, horizontes infinitos; campos llenos de vida en primavera, se tornan de un amarillo uniforme en verano, con un cielo cegador que espejea como la mica. El peregrino boloñés Domenico Laffi, del siglo XVII, anota en su diario las muchas desventuras que va viendo a su paso por Tierra de Campos. Cerca del río Cueza encuentra a un romero comido por los lobos. Pero no son sólo los grandes animales los enemigos de los humildes y cansados caminantes. En otra ocasión, describe un espeluznante episodio: "...encontramos a un pobre peregrino francés que se moría junto a la ruta, todo cubierto de langostas, y parece como si Dios nos hubiese enviado en ayuda de aquella pobre alma, pues apenas la hubimos confesado, murió. Ya habían comenzado a devorarle aquellas feroces bestezuelas".

EL CAMINO DE SANTIAGO EN

LEÓN

El peregrino está fatigado por el viaje, ha recorrido ya la mitad de su itinerario, las piernas le flaquean, los pies le duelen, los ojos se le nublan de tanto contemplar horizontes dilatados y luminosos. Al llegar a Sahagún, primera ciudad del antiguo Reino de León, descansa en el frescor de una arboleda, junto a la puente de piedra. Los chopos de sus orillas le recuerdan la leyenda carolingia de "las lanzas florecidas". Cobra fuerzas y sube hasta el caserío. Dos iglesias románicas de ladrillo rojo, San Tirso y San Lorenzo, con sus extrañas torres que estuvieron llenas de campanas, le emocionan. Pero Sahagún ya no es lo que era, duerme en un sueño de pasadas grandezas. Al día siguiente, muy de mañana, el peregrino parte buscando los verdes del Esla que lame las murallas de Mansilla.

Desde el Alto del Portillo se perfilan las torres de León, con su caserío dilatado en la llanura. En León, una de las ciudades más importantes y agradables de toda la ruta, el peregrino podrá reponer fuerzas. Diecisiete hospitales llegó a tener, y en todos ellos se ejercía la caridad. El de San Froilán, dependiente del cabildo de San Isidoro, los canónigos lavaban ritualmente los pies a los peregrinos. Muchos caminantes franceses se quedaron a vivir en la ciudad. La bellísima catedral de Santa María les recordaba las iglesias de su patria, que había quedado tan lejos. El templo, coronado por dos altivas torres, viene a ser como un gigantesco estuche de cristal, con el que la luz juega a lo largo del día. Sus constructores, del siglo XIII, pusieron tanta emoción en la obra, que más que levantar muros, alzaron paredes resplandecientes, llenas de color.

Al anochecer, ahora como entonces, el peregrino se da cita con otros romeros de Puente de Órbigo, contemplando la vieja puente medieval de diecinueve arcos, que cruza despaciosamente el río. Aquí tuvo lugar, en el año 1434, el célebre "Paso Honroso", cuando el caballero leonés Suero de Quiñones retó en torneo a cuantos nobles iban a Santiago.

La estampa de Astorga, con su catedral, el palacio del obispo y las murallas, ha sugerido la poética metáfora de un viejo buque de piedra, encallado en los acantilados y vencido por el peso de la historia. Saliendo de la ciudad por occidente, el camino de Santiago se interna en una comarca perdida, silenciosa, y mágica. Es la Somoza o Maragatería, habitada por menos de diez mil almas que conservan sus ancestrales costumbres, sus extraños ritos. Pasado Rabanal del Camino, en Foncebadón, aparece la humilde Cruz de Ferro. A sus pies, el peregrino, siguiendo una antigua costumbre pagana, deja una piedra al pasar.

Ponferrada, capital del Bierzo, fue enclave de los Caballeros Templarios. Levantaron una grandiosa fortaleza que domina la ciudad y el valle del Sil. El paisaje ha cambiado desde que el peregrino entró en el Bierzo. Son los verdes, en todos sus matices, los que iluminan esta comarca bucólica y hermosa, que haría las delicias de los viajeros románticos. En los primeros tiempos cristianos fue refugio de anacoretas y santos, que levantaron las preciosas iglesias mozárabes.

Es ya mucho el camino recorrido, tantas las penalidades... En Villafranca, poco antes de emprender la impresionante subida a las montañas del Cebreiro, la iglesia románica dedicada a Santiago atesoraba las mismas indulgencias y "perdonanzas" que la dedicada también al Apóstol en Galicia. Su Puerta del Perdón era equivalente a la Puerta Santa compostelana. Muchos peregrinos enfermos, imposibilitados, cumplían aquí su viaje.

Sahagún. Iglesias de San Tirso (izquierda) y San Lorenzo (página siguiente), curiosos edificios románicos construidos en ladrillo, al no abundar la piedra en la comarca. Este estilo románico «mudéjar» se encuentra también en algunos otros lugares de la meseta como Arévalo (Ávila) y Coca (Segovia). San Tirso de Sahagun lleva una torre abierta, rectangular, sobre el ábside. La de San Lorenzo es piramidal. Ambas estuvieron llenas de campanas.

Sahagún fue también en la Edad Media una ciudad "llena de toda suerte de felicidades" según cuenta la *Guía Calixtina*. Estaba poblada por leoneses, nobles y plebeyos. Había también una colonia de alarifes árabes, una aljama judía y un barrio de artesanos galos. Éstos vinieron en el año 1080 con los monjes regulares de Cluny, traídos por el rey Alfonso VI, para habitar el monasterio levantado en honor de Sant Fagund o Facundo, que daría nombre al lugar. Sus riquezas les permitían acoger por unos días en su hospital a los peregrinos que iban o venían de Compostela. Llegó a tener sesenta camas y a amasar anualmente más de dos mil fanegas de trigo.

Como tantos otros lugares ensalzados en las crónicas antiguas, Sahagún es un pequeño desengaño para el viajero moderno. Conserva, sin embargo, dos iglesias importantes, de curiosa traza al haber sido levantadas con ladrillo, ya que la piedra no abunda en la comarca. Son *San Tirso y San Lorenzo*, románicas del siglo XII, restauradas hace unos años. Sus torres de varios pisos y muchas ventanas se alzan, curiosamente en el crucero, a modo de palomar, con un hueco para cada campana. Debió de ser emocionante escuchar el sonido de estas orquestas metálicas interpretando el "angelus" o llamando al rosario, a la caída de la tarde.

Página anterior:
Castillo de Grajal de Campos.

La *iglesia de la Peregrina* formó parte del convento y hospital que tenían los franciscanos. Cerca, en un plano menos elevado, pasa el Cea bajo un puente de piedra de cinco ojos. Sus riberas, plantadas de álamos, nos recuerdan la leyenda medieval de Carlomagno. Tras la batalla contra los moros, las lanzas de los caballeros cristianos que habían muerto en el combate –plantadas en la tierra como postrer homenaje– habían echado hojas. Era señal de que sus almas estaban en el reino de los cielos.

A escasas leguas de Sahagún está el monasterio cisterciense de *San Pedro de Dueñas,* habitado por una comunidad femenina de clausura, y el castillo de *Grajal de Campos,* inmortalizado por Gustavo Doré en su "Viaje por España".

Mansilla de las Mulas, a orillas del Esla, con sus murallas de canto rodado y argamasa, lamidas por las aguas, era población acogedora tras una larga jornada de andar por páramos y barrancas secas. Queda parte de su recinto militar y dos de las cuatro puertas que tuvo: la de San Agustín y la llamada de la Concepción, por la imagen de su capillita. En el suelo de las calles, unas pequeñas conchas doradas indican la dirección hacia Compostela.

Mansilla es escenario de las andanzas de "La Pícara Justina", una mesonera que en el siglo XVII va en peregrinación, describiendo los lugares y personajes que encuentra a su paso. Desenvuelta, procaz y deslenguada, Justina protagoniza una novela picaresca, al gusto de la época, donde no faltan refranes ni metáforas; obra, al parecer, del licenciado Francisco López de Úbeda.

Nada más cruzar el río Porma, a la izquierda de la carretera, en **Puente de Villarente,** se conserva una hermosa casona con patio que fue Hospital de Peregrinos, fundado por el canónigo de Triacastela en el siglo XVI. Parte del edificio es vivienda particular, la otra alberga un singular restaurante.

Crucero de Mansilla de las Mulas, y el río Esla a su paso por esta localidad.

San Miguel de Escalada es un monasterio mozárabe situado a media ladera, sobre los feraces campos que riega el Esla. Fundación del año 913, cuando "el Abad Alfonso, viniendo con sus compañeros desde Córdoba, su patria, levantó esta arruinada casa en tiempos del poderoso y serenísimo príncipe Alfonso III". Así rezaba una inscripción latina, hoy desaparecida.

El influjo del sur, del Califato, iba a soplar con fuerza en esta singular construcción, llena de gracia y encanto. Sinfonía de arcos de herradura y columnas de mármol en su pórtico, su interior guarda unos espacios laberínticos donde la luz y la sombra juegan durante el día. Las tres amplias naves llevan, simbólicamente, desde

En el interior de San Miguel de la Escalada un juego de luces y sombras recuerda las iglesias ortodoxas de la Europa Oriental.

Exterior de San Miguel de Escalada, con su galería de arcos de herradura. La torre, de tiempos románicos, presenta un aspecto mucho más áspero y guerrero.

el Occidente Pagano hasta el Oriente Sagrado, donde se encuentran los tres ábsides, de marcado diseño circular. Como en las iglesias ortodoxas, el iconostasio está cerrado por tres elegantes arcos que servían para aislar a los celebrantes de los fieles.

Se llamaba *mozárabes* a los cristianos que vivían en la Andalucía islámica, sometidos a las leyes musulmanas, pero con una cierta libertad para practicar sus propias creencias. En las épocas en las que los fundamentalismos religiosos, en ese vaivén de la historia, ponían en peligro sus costumbres y hasta sus vidas, decidían entonces emigrar hacia el norte, a la España cristiana, y en ella levantaban iglesias como aquellas que tenían en Córdoba, impregnadas de todo el sabor oriental. El siglo IX fue tiempo de persecuciones, aprovechadas por los reyes de León para que los mozárabes repoblaran sus territorios: Peñalba, Sandoval, Santo Tomás, San Pedro de los Montes, San Miguel de Escalada...

El estilo mozárabe, junto con el asturiano y el visigodo, son exponentes medievales bellísimos de un arte puramente hispánico, que acabaría siendo sustituido, a comienzos del siglo XI, por el románico. Alfonso VI de Castilla fue protagonista de la difícil tarea de "europeizar" la arabizada Península. Bajo su reinado, la penetración de los monjes de Cluny va a ser decisiva, creando en todo el Camino de Santiago un rosario de abadías, monasterios e iglesias.

León celebra, desde los tiempos medievales, un vistoso mercado los miércoles y los sábados por la mañana en su plaza Mayor. Hasta aquí llegan los campesinos con sus gallinas, sus conejos, sus patos, sus frutas y verduras llenándolo todo de colorido y animación. Las señoras pugnan con gran contento y vocerío por acercarse a los puestos de cerezas, de melocotones, de manzanas, por llevarse los mejores pimientos de la vega del Esla. Se discute, se regaña; la alegría y el bullicio parecen contagiosos.

Desde el Alto del Portillo, los peregrinos veían extenderse el caserío de la ciudad de León, con sus torres y murallas, un perfil luminoso, claro, sobre los verdes de la vega del Bernesga y del Torio. Perspectiva llena de promesas, ansiada por muchos fatigados caminantes, pues la ciudad fue final de etapa –señalada por Aymeric Picaud en su guía– y lugar ideal para reponer fuerzas. Su prestigio venía de haber sido la capital del reino cristiano más importante de la Península, pues en el siglo X, García I traslada aquí la corte desde Oviedo. La monarquía asturiana acababa de cruzar la imponente cordillera, para comenzar al otro lado de las ásperas montañas la segunda etapa de la reconquista.

En la plaza Mayor de León se celebra un colorista mercado campesino, cuyo origen se remonta a los albores de la Edad Media.

León, en la Edad Media, es una ciudad imperial, guerrera y jacobea, "llena de toda suerte de felicidades", como le decía el autor de la *Guía Calixtina.* Su nombre, curiosamente, deriva de la palabra "Legión", pues fue fundada por Galba como campamento romano en el año 70 d. C.: "Legio VII, Pia, Felix". Diecisiete hospitales de peregrinos se documentan al final del siglo XIV, siendo los más conocidos el de San Marcelo, el de San Froilán y el de San Marcos, en la ribera izquierda del río Bernesga. Tenía este hospital dos grandes salas, con doce camas cada una en recuerdo de los doce apóstoles.

En la actualidad, la urbe, de unos 150.000 habitantes, se dilata en la llanura, destacando sus torres medievales entre los nuevos y los viejos edificios. Un urbanismo racional y amable separa las distintas etapas del crecimiento demográfico. Además de los tres grandes hitos artísticos –San Isidoro, la catedral de Santa María y San Marcos–, se conservan muchos palacios e iglesias. Al comienzo del barrio antiguo, ahora peatonal, el insigne arquitecto Antonio Gaudí, sentado en un banco (escultura de S. Fernandes) parece descansar ante la "Casa de los Botines", obra suya.

Las ciudades españolas han ido adornándose, en los últimos tiempos, con esculturas de personajes famosos de «tamaño natural». Aquí vemos a Antonio Gaudí, que trabajó en León y Astorga.

El estilo románico tiene un magnífico exponente en San Isidoro de León. Torreón de gusto francés (página anterior), fachada meridional o «del Cordero» y detalle del Apóstol San Pedro.

La *Real Basílica de San Isidoro* es uno de los hitos artísticos del Camino de Santiago, descrita ya minuciosamente en la famosa *Guía Calixtina*. Imponente conjunto monástico románico levantado por el rey Fernando I y su esposa doña Sancha en uno de los ángulos de la muralla romana, y consagrado el 22 de diciembre de 1067. Aquí se depositaron, en una preciosa cubierta de marfiles labrados, las reliquias de San Isidoro traídas desde Sevilla por los obispos de León y Astorga.

El obispo leonés Alvito, que era famoso por su buen olfato, identificó el cuerpo del santo por el perfume que exhalaba. Un delicioso olor campestre a lirios y flores de lavanda, pues contaba la leyenda que Isidoro, de pequeño, fue llevado por su nodriza a un jardín donde se perdió. Al encontrarle unos días después, las abejas entraban y salían de su boca alimentándole con miel, sin causarle ningún daño.

Doña Urraca ampliaría, a mediados del siglo XII, la basílica dándole el formato actual. El pórtico o nártex oeste del templo, dedicado a Panteón de los Reyes, sería decorado en muros y bóvedas, con una maravillosas pinturas románicas al temple.

Fachada y ábside de la catedral de León, recientemente restaurada. Las soluciones técnicas del nuevo estilo gótico, mediante el juego de fuerzas que sujetan las paredes del edificio, dan al conjunto una airosidad y gracia insuperables. Aquí la piedra está pensada como un marco para sujetar las vidrieras.

La *catedral de León* es la más perfecta y acabada de cuantas catedrales góticas se hicieron en España. La más francesa de todas ellas, inspirada en la planta de Reims y en las formas del pórtico de Chartres. Dos poderosas torres desiguales –la de las Campanas y la del Reloj– se levantan sobre la fachada principal, con su enorme rosetón y las cinco arcadas que envuelven a los tres pórticos: el de San Juan, el de San Francisco y el del Juicio Final, presididos por la dulzura de la Virgen Blanca. Entre el apostolado vemos a Santiago vestido como un peregrino del siglo XIII.

El templo se comenzó a levantar en 1255 con el impulso del obispo Martín Fernández y el apoyo del rey Alfonso X el Sabio. Cincuenta años después estaría concluido. Sus dos arquitectos conocidos, Juan Pérez y Maese Enríquez, posiblemente francés, habían trabajado también en la catedral de Burgos. Cimentada sobre unas termas romanas, se alzó como un alarde de arquitectura de la época. Un juego de contrafuertes, arbotantes y pináculos —la técnica del gótico llevada al desafío—, permitió construir unos muros resplandecientes llenos de sueños. Pues no era piedra lo que tenían, sino luz y color.

Las tres grandes rosas o rosetones vienen a ser como las estrellas que señalan los puntos cardinales y "guían el navío" espiritual. Diversas escenas muestran a Cristo en majestad, acompañado por los Ángeles músicos, a la Virgen y los Santos, entre los que no falta San Froilán, patrón de la ciudad. Las ventanas más antiguas son las de los pies y norte de la nave mayor, presbiterio y capillas. Contienen figuraciones del Antiguo y Nuevo Testamento, profetas, patriarcas, evangelistas, doctores y personajes históricos que, como el Rey Sabio, ayudaron a levantar la fábrica.

Catedral de León. Pórtico de la Virgen Blanca o del Juicio Final.

Trescientos treinta años aguantó la catedral medieval en pie. Sus constructores imprimieron tanta emoción y audacia al edificio, que se pensó más como un marco para argumentar las vidrieras, que en muros para cerrar un espacio. En 1631 sufriría un derrumbe la nave principal, descentrando columnas y arcos. La intervención de los arquitectos de la época no haría más que agravar los hechos. En el siglo XIX se inició una ardua y delicada labor de reconstrucción. Desmontáronse todas las vidrieras, trasladándose a los talleres modernistas de Barcelona, donde fueron restauradas. En 1901, la catedral fue consagrada de nuevo.

Catedral de León.
Vidrieras de la parte baja del muro de mediodía.

Penetrar en el interior de la catedral de León es imbuirse en un espacio mágico, lleno de matices, en una atmósfera que parece querer atrapar lo inalcanzable. La mirada se dirige hacia las bóvedas, sujetadas por esbeltas columnas, hacia los rosetones y paredes transparentes. Todo refulge, brilla en mil tonos distintos. La luz del día, filtrada por los vitrales, crea el efecto de un caleidoscopio. Al amanecer, el ábside se ilumina, el astro solar enciende las paredes de sus capillas. Nace el día, nace el Niño Jesús representado como una promesa de salvación en las ventanas más antiguas, del siglo XIII, obra de los artífices Fernán Arnol y

Catedral de León. Interior de la nave principal.

Páginas siguientes: *Vidrieras góticas del siglo XIII (izquierda) y modernistas, del siglo XIX (derecha).*

Pedro Guillermo. La luz va girando y abre el cromatismo de los rosetones de la nave mayor. Aparecen escenas sagradas junto a otras de la vida cotidiana, como una cacería de caballeros y nobles. El pintor Nicolás Francés dibuja las superficies, los maestros vidrieros Anequin y Valdovín materializan sus sueños. Las ventanas del sur, llenas de composiciones vegetales y monstruos, representan a la Madre Tierra, sobre la que se asientan figuraciones del Cielo. Al anochecer, la gran rosa de la fachada mayor, después de la apoteosis final, se va extinguiendo, dejando a la catedral en la penumbra.

Entre el antiguo hospital de peregrinos y el río, se levantó en el siglo XVI un impresionante conjunto arquitectónico plateresco para *Sede y Monasterio de la Orden Militar de los Caballeros de Santiago*. Posteriormente, tras la desamortización de Mendizábal, el edificio sería destinado a cuartel, pasando a convertirse en los años sesenta de este siglo en un hotel de lujo, el famoso Hostal de San Marcos.

"Mitad monjes, mitad soldados" era la conocida divisa de las órdenes militares. Quizá pensando en ello, este imponente conjunto está argumentado en dos cuerpos: palacio y monasterio. La fachada, de más de cien metros de longitud, es un abigarrado retablo en piedra donde no faltan motivos jacobeos: la espada que se convierte en Cruz de Santiago, las conchas o vieiras, junto con medallones de personajes históricos, de la antigüedad clásica y maestres de la Orden. Por encima del friso, en un panel lleno de efectividad y movimiento, ya con aires barrocos, cabalga invencible Santiago Matamoros.

Juan de Orozco, Juan de Juni, Martín de Villarreal, Guillén Doncel, Martín Susniego, Juan de Badajoz y Juan de Rivero fueron

Un Santiago Matamoros barroco preside la fachada plateresca del Monasterio de San Marcos.

León. El Monasterio de San Marcos fue la casa central de los Caballeros de Santiago. Comenzado en el siglo XVI, *sus obras se prolongarían hasta la centuria siguiente.*

algunos de los muchos artistas que intervinieron en la obra. Los modernos viajeros que se hospedan en este fastuoso hotel quizá recuerden que en sus muros, en una celda "tan húmeda como un manantial, tan oscura que en ella siempre es de noche y tan fría que nunca deja de ser enero", sufrió afrentosa prisión, durante cuatro largos años, el gran don Francisco de Quevedo y Villegas, príncipe de los ingenios, caballero de la Orden de Santiago. Como diría dos siglos después el romántico y desaforado Larra, "escribir en España es llorar".

Los peregrinos salían de León, cruzando el sólido puente de piedra sobre el Bernesga, para internarse en un escenario grandioso, en un paisaje de colinas onduladas, de avanzadillas de chopos y campos de cereal: el Páramo. Hoy día la ciudad se prolonga al otro lado del río entre grises y anodinas barriadas que llegan prácticamente hasta el *Santuario de la Virgen del Camino,* un edificio moderno con vidrieras abstractas y esculturas de bronce de Subirachs. La imagen de la Virgen, una talla renacentista, patrona del antiguo reino, es traída a la catedral de León en épocas de sequía, donde permanecerá nueve días, en espera de la lluvia redentora.

Página anterior y arriba:
El río Orbigo se cruza por un puente medieval de piedra.

Puente de Órbigo es otro de los hitos del Camino de Santiago, uno de los lugares donde al anochecer, se dan cita, ahora como entonces, los peregrinos de todas las nacionalidades. Nada menos que diecinueve –tuvo veintidós– arcos de piedra saltan sobre el anchuroso cauce del río hasta la población denominada **Hospital de Órbigo,** encomienda y fundación de los Caballeros de San Juan.

Aquí, en los márgenes secos del río, tuvo lugar el famoso episodio del llamado "Paso Honroso" El año 1434, que era Santo y Compostelano, el caballero leonés Suero de Quiñones organizó unas justas en honor de su dama, retando a cuantos nobles se dirigían a Santiago. Las justas duraron treinta días, a partir del 11 de julio, y durante ese tiempo don Suero de Quiñones y sus lugartenientes lidiaron contra trescientos caballeros de todas las nacionalidades. Quedaron 166 lanzas rotas, muchos heridos de hierro y descalabrados, y tan sólo un muerto, el desgraciado hidalgo aragonés Esberte de Claramonte.

Efecto de nubes sobre la fachada el Ayuntamiento de Astorga. Está coronado por un templete barroco, con el escudo de España de la Casa de Borbón, un reloj, una gran campana central y dos pequeñas laterales.

Astorga fue importante ciudad romana, puerta de Galicia y de Asturias, Convento Jurídico del Noroeste, mereciendo ser llamada por el viajero Plinio "urbe magnífica". De estos tiempos conserva vestigios de la muralla, varios mosaicos, las cloacas y la Ergástula o cárcel situada bajo la plaza Mayor. Más tarde, durante la época cristiana, sería Sede Apostólica, fundada, según la leyenda, por Santiago y San Pablo. Destruida por los vándalos, asolada por Almanzor, se iría irguiendo en la Edad Media sobre sus pasadas grandezas.

La estampa de la ciudad, viniendo de levante, ha sido comparada por muchos escritores contemporáneos con "un gigantesco buque de piedra, encallado en los acantilados, medio hundido por el peso de la historia...". Quizá porque la arrogante seo gótica, llena de arbotantes y pináculos, recuerde desde la distancia a un viejo velero. "Aunque la grandeza de Astorga haya caído en el polvo –nos cuenta Walter Starkie–, nadie puede aproximarse hoy en día a la mayestática ciudad encaramada en su colina y pasearse por sus estrechas calles sin sentir la presencia misteriosa de sus primitivos habitantes, cuyo nombre de amacos, o guerreros excelentes, ha llegado hasta nosotros con su emblema, la rama de noble que adorna su escudo".

Los peregrinos entraban en la ciudad por la desaparecida Puerta del Sol, para cruzar junto al *Hospital de San Esteban* y el *convento de San Francisco.* Cerca se encuentra la plaza Mayor, con su llamativa *Casa Consistorial* del siglo XVIII, obra de Manuel de Lastra. Tiene dos torres con chapitel de pizarra y un templete central con el escudo de España, un reloj y una campana. Los cuartos y las horas suenan al golpear el bronce dos entrañables muñecos maragatos, Pedro Mato y la Gobierna.

Página siguiente:
Pedro Mato y la Gobierna, dos muñecos vestidos a la usanza del lugar, tocan las horas. Otra réplica de Pedro Mato se encuentra en un pináculo del ábside de la catedral.

Astorga. Las murallas medievales fueron construidas sobre las romanas. El Palacio Episcopal, obra de Gaudí, parece un castillo francés. La catedral, a su lado, es de finales del gótico.

Por la Rúa llegamos a la *iglesia de Santa Marta,* patrona de Astorga, con su célebre "celda de las emparedadas". Aquí, como castigo o por voluntad, se encerraban algunas mujeres de por vida, implorando a través de los barrotes un pedazo de pan a los caminantes.

La *catedral,* gótica del siglo XIV, está construida en distintos tipos de piedra, desde el rosa hasta el gris, lo que la confiere un singular y atractivo aspecto. Los planos corresponden a Juan Gil de Hontañón, siendo continuado el proyecto por su hijo Rodrigo en 1542. Dos torres gemelas se alzan en la fachada mayor, a poniente, guardando el hastial, donde se conjugan con armonía el plateresco y el barroco. En las puertas de bronce vemos la expulsión de los mercaderes del templo, el ciego de Jericó y la parábola de la mujer adúltera. La estructura de la fábrica es de tres altas naves con cristaleras de gusto flamenco y marcadas nervaturas en la bóveda; el retablo mayor, renacentista, obra de Gaspar Becerra, muestra abigarradas escenas del Viejo y Nuevo Testamento.

En la plaza se halla un agradable rincón formado por el *Hospital Catedralicio de San Juan,* albergue medieval de peregrinos, que terminó siendo, en este siglo, asilo de ancianos. Poseía una interesante botica del siglo XVIII, que actualmente se encuentra en el Museo de la Farmacia Hispana de Madrid.

Astorga. Fachada mayor de la catedral, mezcla de los estilos plateresco y barroco.

A fines del siglo pasado, el obispo Grau Vallespinós, que era de Reus, encargó a su paisano Antonio Gaudí el proyecto de un nuevo *Palacio Episcopal,* pues el viejo había ardido. Fue un edificio primerizo del gran arquitecto, lleno de encanto, pero desprovisto de la genialidad de sus obras posteriores. En piedra blanca, que contrasta con los tonos rosados de la vecina catedral, se levanta un castillo de cuento de hadas, con tejados inclinados de pizarra y torrecillas donde anidan las cigüeñas. Demasiado fastuoso como morada de un obispo, acabó convertido en *Museo de los Caminos* que pasaban por Astorga: de la Vía romana de La Plata, de la ruta de los arrieros maragatos y del Camino de Santiago.

La sencilla belleza de Santa Catalina de Somoza, uno de los clásicos pueblos de la Maragatería.

La carretera de Galicia se desvió, ya en el siglo pasado, por el Alto de Manzanal, dejando a la vieja sirga compostelana lejos de su tráfico incesante y su contaminación. El Camino, desde Astorga hasta el Bierzo, atraviesa la olvidada comarca de La Somoza o Maragatería, unas tierras escuetas y bellas, vigiladas por el mítico monte Teleno. Es la etapa del silencio, en la que se cruzan pueblos y aldeas medievales, casi deshabitados, con sencillos cruceros de madera. Quizá para apartar al Maligno de estos olvidados páramos, donde gime el viento y aúlla el lobo en la lejanía.

La Somoza consta de cuarenta y cuatro núcleos habitados, con tan sólo ocho ayuntamientos y poco menos de diez mil almas. Sus vecinos, como los pasiegos, argotes o vaqueiros, han sido considerados gentes de una raza distinta; tal vez de origen cartaginés o mauritano, berberisco y hasta judío. Lo cierto es que vivieron aislados del mundo, manteniendo curiosísimas costumbres y una fuerte endogamia. Al ser su tierra escasa y pobre para la agricultura, no tuvieron más remedio que buscarse el pan en otros pagos, dedicándose al comercio.

Como los atencinos en tiempos antiguos, los maragatos, a partir del siglo XVII, fueron arrieros, dedicándose al transporte de las salazones de pescado desde el Atlántico hasta el interior de la

Calle Mayor de Castrillo de los Polvazares, por la que pasa el Camino.

Península, desde el mar de Galicia hasta Madrid, cuyos habitantes son conocidos con el nombre de gatos. De ahí posiblemente les venga el nombre de *mar-a-gatos*.

Castrillo de los Polvazares es un pueblo de color rojizo, lleno de misterio, con casas de enormes portalones donde entraban los carros, calles duramente empedradas, cruceros y una iglesia cuyos muros recuerdan a la escritora Concha Espina, que situó aquí su famosa novela "La esfinge maragata". Silencioso y vacío la mayor parte del año, se llena de forasteros todos los fines de semana. Vienen a probar el famoso "cocido maragato", más abundante que el madrileño en carnes, con la particularidad de que la sopa se toma de postre.

Arquitectura popular de Rabanal del Camino (izquierda) y Foncebadón, pueblo en la actualidad deshabitado.

El Camino sigue hacia el Occidente, atravesando la llanura ondulada, con aldeas de iglesias de fuertes espadañas, rodeadas de bordes de piedra y formaciones de negrillos. El frío paisaje se tiñe de cobres oscuros y oros en el otoño, de grises y verdes en primavera. Al fondo se recorta la silueta del Teleno, el monte sagrado de la Maragatería, con su cabeza nevada la mayor parte del año. En algunas ocasiones, la paz del valle es rota, súbitamente, por un estrépito desproporcionado e imprevisto. La claridad del día parece oscurecerse. Resulta que el Teleno, desde que se establecieron los campamentos militares en Astorga, ha sido tomado como punto de mira del ejército español. Campo de tiro, por sus faldas sobrevuelan los obuses e incendian los bosques. Son noticias recientes.

Santa Catalina de Somoza, replegada a un lado de la carretera, como encogida por el frío, poseyó un Hospital de Peregrinos, del que queda el recuerdo. En el campanario de su iglesia barroca anidan las cigüeñas. Más allá, en **El Ganso,** pueden verse todavía algunas chozas de piedra con techo de bálago o paja, hay tres cruceros y una capilla dedicada al Cristo de los Peregrinos. Humilde aldea en la actualidad, dicen que escondió, en sus buenos tiempos, a freires y alquimistas.

La Cruz de Ferro, en Foncebadón, al final de la comarca de La Somoza.

Rabanal del Camino ha vuelto a despertar un poco en los últimos años de su modorra de siglos. Con motivo del resurgimiento de las peregrinaciones, presenta un aspecto más pulcro y aseado que hace un lustro, cuando era casi imposible transitar por sus calles vacías, llenas de barro. Rabanal, fin de la novena etapa del *Codex Calixtinus,* tuvo gran importancia en la Edad Media, siendo feudo de los Caballeros Templarios, que levantaron un albergue junto a la iglesia de Santa María.

Foncebadón, muy cerca del Puerto del Monte Irago, es aldea deshabitada e inquietante, con el esqueleto de sus casas cubierto por las ramas y la hiedra. Muy cerca está la famosa **Cruz de Ferro,** aunque humilde, otro de los hitos del Camino de Santiago. Es una pequeña pirámide formada por las piedras que los peregrinos han ido dejando a su paso, siguiendo una antigua costumbre pagana. En la cúspide, un poste de madera con una cruz marca la divisoria entre la Maragatería y el Bierzo.

El Camino desciende bruscamente por una abrupta ladera hasta legar a **El Acebo,** con viviendas de pizarra de cubiertas azules que bien podían encontrarse en alguno de los páramos de Irlanda. La influencia de una gran ciudad como Ponferrada hace que sus casas se estén restaurando y cobren nueva vida.

Ponferrada. La ciudad antigua, situada en la parte alta junto a la fortaleza, conserva el encanto de los viejos tiempos. Aquí vemos la Casa de los Escudos o de la Parra.

Cruzando un puente de piedra sobre el río Meruelo, llegamos a la calle Real de **Molinaseca,** en cuyo final se conserva, transformado, el Hospital de Peregrinos. El pueblo, con recuerdos históricos, como la casa de doña Urraca o el torreón de los Balboas, guarda un empaque antiguo, una cadencia hermosa, pausada, que lo han convertido en lugar de reposo y holganza.

Ponferrada ya no tiene el puente romano sobre el Sil que el obispo Osmundo mandó reforzar con barras de hierro en el siglo XI, bautizando así el paso: *Pons Ferrata.* La población medieval se asentó, sin embargo, en la colina dominando el valle y casi toda la comarca berciana. Allí, los Caballeros Templarios, a fines del siglo XII construyeron un impresionante recinto militar, lleno de torres, murallas, puentes levadizos, cámaras, capillas, pozos, patios y pasadizos secretos que salían al otro lado del río. Hoy quedan los impresionantes muros de la fortaleza, que alcanza una extensión de ocho mil metros cuadrados.

El castillo ponferradino se convirtió en el centro de un rosario de fortalezas que iban a proteger los caminos de la comarca: Corullón, Cornatel, Pieros... Asentados aquí a finales del siglo XII, por privilegio del rey Fernando II de León, los Templarios tenían además otro motivo importante para justificar su presencia: la

El castillo de Ponferrada fue construido por los Caballeros Templarios, junto con otras fortalezas menores, para salvaguardar el paso de los peregrinos.

comarca era rica en metales preciosos, sus minas fueron explotadas ya en tiempos antiguos. De las famosas Médulas de Carucedo, el Imperio Romano había extraído más de tres millones de kilos de oro.

Mientras se construía el recinto de Ponferrada, unas luces maravillosas, cual pequeños fuegos artificiales, aparecieron en el bosque vecino. Una noche, los canteros decidieron solventar el misterio encontrando en el tronco de una encina la imagen de Nuestra Señora, que pronto sería patrona de toda la comarca. Según contaba la tradición, había sido traída por Santo Toribio de Liébana, y escondida cuando la invasión sarracena.

Se construyó una iglesia románica para albergar la imagen, transformándose con el paso del tiempo según las modas arquitectónicas. La actual *basílica de Nuestra Señora de la Encina* conserva su estructura interna gótica, con elementos renacentistas y una torre barroca. El urbanismo de villa antigua –muy distinto del de la gran ciudad moderna que hay abajo, al otro lado del río–, tiene aquí un punto agradable con callecitas estrechas, anticuarios, tabernas, tiendas curiosas, palacios vetustos, como la Casa de los Escudos o la Casa de los Macías. Emplazada sobre una puerta de muralla, junto al convento de las Madres Concepcionistas, está la torre del Reloj.

En las montañas del Bierzo, se esconde la aldea de Peñalba de Santiago.

Peñalba de Santiago es una aldea de pizarra y madera colgada sobre un valle silencioso, en las alturas de los montes Aquilanos, que fueron nido de águilas. Las casas, de espesos muros, con solanas, escaleras exteriores y tejados de pizarra, se agrupan dándose calor. Por las calles corre el agua del deshielo, creando una sonoridad fresca y alegre.

La joya de este apartado lugar es su *iglesia mozárabe* dedicada a Santiago, que se utiliza como templo parroquial. Dos preciosos arcos de herradura, perfectamente armónicos, dan paso a un interior seductor, en el que los espacios están ordenados de forma poco habitual. Hay dos ábsides, a los pies y a la cabecera del edificio, uno semicircular y otro de herradura. La bóveda es de medio punto, con una cúpula en el crucero. Belleza de materiales y perfección en la talla de las piedras, elegancia de las proporciones y de las formas, pálpito oriental son las características de este singular oratorio, anterior a los primeros balbuceos del románico.

El abad Genadio, del siglo IX, su constructor, nos habla de él en su testamento: "Después de San Pedro de los Montes y San Andrés, fundé en un lugar algo más escondido, y en memoria de Santiago, un tercer monasterio, que se llama *Pennalba*". La "peña blanca" bajo la que se asienta y da nombre al lugar.

Página anterior:
La iglesia de Peñalba de Santiago, dedicada al Apóstol, con una portada de arcos de herradura, es una maravilla.

Construyendo almiares o palleiros.

El Bierzo, en los primeros tiempos cristianos, fue tierra de anacoretas y santos –como Genadio, Fructuoso, Valerio, Baldario, Froilán, Dulcidio...–, siendo conocida como la *Tebaida leonesa.* Retirados en las cuevas perdidas del bosque, fueron también monjes arquitectos y canteros, capaces de realizar prodigios. La leyenda ilumina a estos santos constructores. Fructuoso atravesaba los robledales vestido con pieles de zorro, acompañado por una cervatilla y el grajar de unos cuervos que le seguían a todas partes. Dulcidio multiplicaba con su mirada los frutos de los árboles. Baldario, que sanaba a los enfermos imponiéndoles sus manos, era amigo de las serpientes. Guardaban su casa y su huerto mientras él estaba fuera.

La carreta, cargada de heno.

El Bierzo, que recibe su nombre de la antigua *Bergidum Flavium,* cerca de Villafranca, es una de las comarcas más bucólicas y encantadoras de España. Aún pueden contemplarse en rincones apartados las escenas antiguas, maravillosas, tan frecuentes hace unos años. La carreta de bueyes llena a rebosar de paja verde recién cortada, los campesinos construyendo almiares, el burrito arando en el pequeño predio entre manzanos... El país enamoró a los viajeros románticos del siglo pasado, como Richard Ford o George Borrow, que escribe en su diario: "No daban crédito mis ojos a tanta belleza como estaba contemplando. Acostumbrado a los paisajes de España, tan árida y triste en general, casi me creí de pronto imbuido en la antigua Grecia, cantada por los poetas".

Por encima del caserío destaca el castillo-palacio de los Marqueses de Villafranca, que perteneció a los Duques de Alba.

Villafranca del Bierzo se pobló en tiempos de Alfonso VI cuando algunos peregrinos y comerciantes franceses se establecieron en las márgenes del río Burbia, poco antes de juntar sus aguas con el Varcarce; allí donde las montañas se alzan impetuosamente guardando el viejo reino de Galicia. Los monjes de Cluny fundaron una abadía dedicada a Nuestra Señora; más tarde, San Francisco de Asís, según relata la tradición, fundó también el convento de su orden. Le seguirían las agustinas, dominicas, jesuitas y más recientemente, los paúles. La familia de los Álvarez de Toledo construiría el castillo (hoy día propiedad de un famoso compositor y director de orquesta). Los Pimentel y Osorio levantarían en la preciosa calle del Agua –una de las más bellas de la ruta jacobea– caserones con zaguanes imponentes y escudos ricamente labrados.

En la Plaza, junto a los soportales y los cafés, desde las primeras e indecisas luces del alba, se dan cita los días de verano peregrinos de todas las nacionalidades, que desayunan tomando fuerzas para emprender la dura jornada. Van vestidos de manera informal, poco fotogénica, con pantalón corto y camisas de colores, muchos de ellos utilizan la bicicleta como medio de transporte. Su albergue se encuentra en una cota más alta, dominando los torreones del castillo y los tejados azules de pizarra de las casas.

Villafranca del Bierzo. Ábside de la iglesia de Santiago. Su Puerta del Perdón era equivalente a la Puerta Santa compostelana.

Muy cerca, se perfila, como aislada, sobre el lomo de la colina, la famosa *iglesia románica de Santiago.* Es de piedra dorada en varios tonos, con una sola nave y un imponente ábside de tambor. Posee dos puertas antiguas, con arquivoltas, llenas de emoción, al oeste y al norte. Esta última es la denominada "Puerta del Perdón", porque los peregrinos enfermos, incapaces de subir al Cebreiro y de llegar a Compostela, recibían aquí, en esta iglesia, los mismos privilegios y "perdonanzas" que si hubiesen arribado a la Ciudad Santa de Galicia. El cementerio de la villa, lleno de emoción, donde están enterrados algunos romeros, rodea en su flanco sur este hito en piedra del Camino.

La población recibió el dinero de sus indianos, que levantaron mansiones "coloniales" y florecientes industrias, hasta mediados de este siglo. (En la alta chimenea de la otrora "Destilería de

Vista parcial de Villafranca del Bierzo con la colegiata de Santa María, del siglo XVI. *Se construyó en el antiguo solar del convento de los monjes de Cluny que vinieron aquí, a comienzos de la Edad Media, para fundar un hospital de peregrinos.*

Alcoholes" suelen anidar las cigüeñas.) De los conventos que cita el viajero boloñés Laffi en su diario, casi todos siguen en pie. Son edificios colosales, fundados por las órdenes religiosas que hemos visto. Junto al parque, en la antigua feria de ganado, se encuentra la hermosa *colegiata de Santa María* (siglo XVI), que fue argumentada con planos de Rodrigo Gil de Hontañón.

El Camino, desde Villafranca hasta O Cebreiro, trepa por el angosto *valle del río Valcarce,* cruzándose numerosas veces las aguas. Praderas, bosques de castaños y robles, álamos y fresnos acompañan al caminante en la larga y agotadora subida. Hemos entrado en el reino vegetal de la montaña, que aparece aquí horadada, empequeñecida y desafiada por los enormes viaductos de los nuevos accesos a Galicia. La ruta compostelana sigue al principio la carretera, en **Pereje** y **Trabadelo,** para desviarse luego hacia la izquierda. Por **Herrerías** la carretera y el Camino se separan.

El paisaje, tapizado de verde, presenta momentos muy amenos y bucólicos, como el paso por **Ambasmestas,** con su iglesita enjalbegada, con pórtico, y sus casas revocadas de rosa que se miran en la bulliciosa corriente del Valcarce. Recuerda quizá alguna aldea perdida de los lejanos Cárpatos. Por aquí, durante los meses de buen tiempo, suelen desfilar riadas de peregrinos en formación, tipo "boy scouts", generalmente capitaneados por algún cura parroquial.

Más allá está **Vega de Valcarce,** un pueblo bullicioso, crecido al aire de veraneantes y turistas. Al otro lado del río, en la cima de una frondosa montaña, el *castillo de Sarracín,* o lo que queda de él, compone su estampa para viajeros románticos.

Página siguiente:
Vista del pueblo de Ambasmestas, junto al río Valcarce, a mitad de camino entre Villafranca y Galicia. Un trayecto en fuerte pendiente, fatigoso, pero también lleno de encanto.

EL CAMINO DE SANTIAGO EN

GALICIA

El peregrino, con la mirada puesta en el horizonte de nubes y el corazón palpitando estremecido de gozo, entra en Galicia, el país del Apóstol Santiago. La subida por el valle del río Valcarce, en un cuadro natural impresionante, le ha dejado casi sin fuerzas. Pero ya está arriba y el panorama es bellísimo. Los blancos de la nieve se juntan con los verdes intensos de las montañas, de formas redondeadas, femeninas. Ha llegado a O Cebreiro, cuatro casas de piedra y bálago junto a la iglesia de Santa María la Real, de primitivas trazas. Entra en el templo a rezar un avemaría a la Virgen y poner unas flores silvestres en la tumba de don Elías Valiña, fallecido en 1989. Don Elías, párroco del lugar, hombre de gran temperamento y encendida fe, se dedicó en cuerpo y alma, desde este perdido rincón, a incentivar el Camino de Santiago, investigando, escribiendo, realizando insólitos trabajos de arqueología.

El peregrino va siguiendo de día el dibujo del sol en el firmamento. De noche son las estrellas las que guían su marcha. Tras cruzar por Hospital da Condesa, desciende entre abedules hasta Triacastela. Contempla allí el impresionante cementerio que rodea la iglesia, lugar de reposo eterno de muchos romeros. Unas leguas más abajo, se detiene en el grandioso monasterio de Samos, donde busca la escondida capilla prerrománica del Salvador. El enclave es delicioso, con el río Oribio bullendo entre cascadas. Aquí le contarán una historia, sencilla y conmovedora, que ya escuchara en el monasterio navarro de Leyre. La del fraile que permanece embelesado una eternidad oyendo el canto de un ruiseñor. Su protagonista es el mismo, el abad Virila, que lo fue de Leyre y de Samos.

Dejando atrás la ciudad de Sarria, y el románico rural de Barbadelo, aparece Portomarín. Las verdes aguas del embalse de Belesar duplican su caserío, situado en una colina y dominado por la iglesia acastillada de San Nicolás. En los años sesenta, el embalse inundó el viejo Portomarín, construido en las dos orillas del Miño y cargado de recuerdos jacobeos. Sus monumentos principales serían trasladados al nuevo enclave.

Pocas leguas antes de alcanzar el Monte del Gozo, desde el que se divisan, desdibujadas por la bruma, las torres de Compostela, el peregrino hace recuento de su viaje. Atrás quedan los montes de O Cebreiro, el Bierzo, León, Burgos, Nájera, Estella, Pamplona, Roncesvalles, Somport... Ya está a un paso de alcanzar el final, de atrapar lo inalcanzable. De llegar a la Ciudad Santa y contemplar, unos días después, el atardecer en Finisterre, allí donde la tierra acaba y comienza el reino de la noche. Porque su viaje no ha sido tan sólo un penoso camino por paisajes ásperos y hermosos. También ha sido una difícil búsqueda de sí mismo.

El peregrino con lágrimas de emoción, pisa, en las primeras claridades del día, las losas de Santiago de Compostela, que le devuelven el eco de sus pasos. La ciudad, en silencio, parece un decorado fantástico montado para premiar su coraje. Aguarda a que abran la catedral para arrodillarse ante la tumba del Apóstol y contemplar, extasiado, la esperada maravilla en piedra, obra cumbre del arte medieval. Doscientas prodigiosas figuras, labradas hace ochocientos años, rodean las del Salvador y el Apóstol. Suavemente policromadas, cobran movimiento con el cambiante resplandor que filtran las cristaleras. Parecen mirarse y dialogar entre ellas. Parecen sonreír al peregrino, que liberado de todas las dudas y fatigas del viaje, ha entrado ya en el Pórtico de la Gloria.

La entrada en Galicia es difícil, dura, fatigosa, tan sólo comparable a la subida de los puertos ásperos del Pirineo. Altas montañas cubiertas de nieve, barrancas llenas de rugidores arroyos del deshielo y cantos de granito en los senderos. El peregrino Jean de Tournai, del siglo XIV, encuentra, subiendo a O Cebreiro, una de las mayores tempestades del invierno de 1489: "Hacía un frío espantoso, silbaba el viento y a menudo perdíamos la orientación del camino –escribe–. El mundo se había convertido en un desierto blanco, deslumbrador. Nos hemos enterrado en la nieve hasta media pierna. Como mínimo nos llegaba siempre por las rodillas y muchas veces hasta los riñones. Entonces nos dábamos el bordón el uno al otro para ayudarnos lo mejor que podíamos".

En las lindes de León y Galicia, las montañas se levantan dificultando el paso.

Galicia recibe al peregrino con un panorama bellísimo, impresionante.

O Cebreiro, a 1.293 metros de altitud, es uno de los hitos del Camino y el último gran puerto de montaña antes de llegar a Santiago. Una aldea de piedra sobre una cornisa que baten los vientos, dominando paisajes impresionantes de León y Galicia. Aquí existió un monasterio donde los peregrinos podían recuperar fuerzas. Sobre su historia, poco sabemos, pues ardieron los viejos documentos.

Se conserva la iglesia prerrománica de recios muros y torre, posiblemente del siglo IX. Y junto a ella el Hospital, hoy "Hospedería de San Giraldo", una bocanada de calor y descanso en todas las épocas del año. En tiempos del rey Alfonso VI, el lugar, aislado del mundo, tenía el suficiente atractivo para que los monjes franceses de Aurillac se desplazasen hasta aquí para hacerse cargo de la hospedería. El esplendor, gracias a la protección de los monarcas y a sus abundantes rentas agrícolas y ganaderas, duró hasta mediados del siglo XVI, fecha en que se inicia su decadencia. La comunidad quedaría reducida a cuatro frailes dependientes del monasterio de San Benito de Valladolid.

Junto a las casas se levantan unas construcciones elípticas de piedra con techo de bálago. Son las famosas *pallozas,* habitats de origen celta que estuvieron en funcionamiento hasta comienzos de los años setenta de este siglo. Aquí convivían familias de "paisanos" con animales domésticos (vacas, cerdos, caballos, perros), dándose calor y protegiéndose de las bajísimas temperaturas. En los últimos treinta años han ido desapareciendo; quedan menos de media docena, una de las cuales está dedicada a Museo Etnográfico.

En verano, O Cebreiro se llena de peregrinos (caminantes y ciclistas), visitantes, viajeros, curiosos de todo el mundo; no cabe un alfiler. En invierno y primavera las nieves cubren estos parajes, dándoles un manto antiguo, lleno de gravedad y belleza. Hacen recordar la famosa leyenda, el milagro situado hacia el año 1300, muy reproducido en cantares de ciego y libros sagrados. Los peregrinos se encargarían de difundir el suceso por toda Europa, y el propio Wagner lo tomará como motivo para su obra Parsifal.

Cuentan que un campesino de Barxa Maior subía, en medio de una terrible tormenta de nieve hasta O Cebreiro para oír misa. El sacerdote que la dice es un hombre de poca fe, que sonríe al verle entrar, y le desprecia después en su fuero interno. Hasta que, en el momento de la consagración... ¡Oh aterrador prodigio! El vino se convierte en Sangre, y el pan en Carne. En el ábside de la epístola de la iglesia pueden verse dos ampollitas, guarnecidas de plata. Aquí están los restos del milagro. También se venera una imagen de Santa María la Real, y un impresionante Cristo románico.

Página siguiente: *Dos típicas pallozas de O Cebreiro, construcciones primitivas, de origen celta, que acogían en un mismo espacio a la familia campesina junto con sus vacas y cerdos. Han ido desapareciendo en los últimos tiempos.*

O Cebreiro es uno de los hitos del Camino. La vieja aldea de piedra ha sido acondicionada para recibir a los muchos peregrinos y viajeros que llegan con el buen tiempo. Junto a la prerrománica iglesia de Santa María la Real, sigue en funciones la Hospedería de San Giraldo.

A la izquierda: iglesia prerrománica de Hospital da Condesa, ejemplo de la cerrada arquitectura rural de la comarca.
Arriba: Impresionante aspecto del cementerio de Triacastela, que rodea el templo parroquial, con sus tumbas en forma de capillas, donde fueron enterrados muchos peregrinos.

Abandonando O Cebreiro por un paisaje áspero y hermoso que el invierno pinta de blanco y la tardía primavera de mil flores amarillas sobre los prados verdes, las lomas y puertos se suceden en nuestro viaje hacia el occidente. Mientras, al norte, aparecen los míticos Ancares, coronados a veces por una crestería de nieves; al sur se destaca la Sierra del Caurel.

Liñares –Linar do Rei– donde se cultivaba lino en la Edad Media, posee una iglesita de piedra, que por su rusticidad y fuerza recuerda aquella que vimos en O Cebreiro. Semejante, aunque de más cumplidas proporciones, es el templo parroquial de **Hospital da Condesa,** un encantador rincón campesino entre robles, fresnos y prados. Su nombre se debe a un albergue que existía ya en el siglo XI, siendo probablemente su fundadora la condesa doña Egilo, esposa del conde Gatón, señor de Triacastela y repoblador del Bierzo.

Triacastela era final de la undécima etapa según la Guía Calixtina. Aquí los peregrinos metían una piedra en su morral y la transportaban hasta Castañeda, donde existía un horno que producía cal para ligar las piedras de la basílica de Santiago. La guía de Aymeric Picaud advierte sobre los falsos posaderos compostelanos, que hasta aquí se venían al encuentro de los sufridos caminantes. Llamándoles hermanos, y con el pretexto de hacer misericordia, les embaucaban trapaceramente, sacándoles los cuartos. "... Cuando los peregrinos llegan a la casa del hombre que aparentaba ser bondadoso y caritativo, tras hospedarse en ella, y recibir la primera comida, la dueña de aquella posada les vende un cirio, que vale cuatro monedas en diez".

Los tres castillos de Triacastela aparecen en la *Casa do Concello* y en la alta torre de la *iglesia parroquial dedicada al Apóstol* (aunque quizá, la etimología del lugar quiera decir "hacia

Triacastela. La iglesia de Santiago, de origen medieval, fue remodelada en el siglo XVIII.

Castilla"). La iglesia está rodeada por verdes prados, por impresionantes nichos y tumbas, algunas de las cuales han acogido los cuerpos de los peregrinos al final de su largo viaje. El edificio, de estructura románica, ha sufrido diversas ampliaciones en los tiempos barrocos. Sus orígenes se remontan al reinado de Alfonso IX, cuando el propio monarca propicia la repoblación del lugar en las faldas del puerto. Por aquí pasarían más tarde muchos personajes ilustres como los Reyes Católicos, Carlos V o Felipe II.

La villa tenía dos hospitales e incluso una cárcel para peregrinos, dotada de fuertes barrotes de madera. En sus paredes aparecía pintado el gallo, símbolo de la libertad.

«Claustro Chico» del monasterio de Samos.

El monasterio de Samos o Real Abadía Benedictina de San Julián y Santa Basilisa de Samos, es uno de los más grandes, importantes y antiguos de España. Fue fundado por San Martín Dumiense hacia el siglo VI, cuando el cristianismo comenzaba a despuntar en los intrincados bosques de Galicia.

Los incendios han sido el enemigo tradicional de este monasterio. Debido a ellos, el edificio tuvo que ser reconstruido en el siglo XVI, y posteriormente en el siglo XVIII, a instancias del erudito padre Feijoo, que trabajó aquí muchos años ejerciendo un importante influjo en la España ilustrada. Su monumento preside el *claustro grande,* barroco, que presenta unas dimensiones colosales: 54 metros de lado. El *claustro chico,* contiguo al otro, se argumentó en el siglo XVI, y aparece adornado por una monumental y exótica "Fuente de las Nereidas o de las Sirenas". La riqueza de la decoración de las claves de la bóveda hace que los paseantes se emboben contemplando sus mil detalles. En una de ellas, a modo de "teatral distanciamiento", puede leerse: "Qué miras, tonto".

En el lugar más encantador y escondido de Samos, junto al bullicioso Oribio que salta entre cascadas, se halla una *capillita prerrománica dedicada al Salvador,* con una nave y un ábside, posiblemente del siglo X. Los días de fiesta, este "secreto" enclave es invadido por los vecinos de la comarca, que aquí se bañan y organizan apacibles barbacoas.

Página anterior:
Vista del conjunto abacial y capilla prerrománica dedicada al Salvador.

Sarria. Portada septentrional de la iglesia románica dedicada al Salvador, de influencias nórdicas, y «cruceiro» junto a los muros del torreón de los Castro.

Sarria es una ciudad moderna extendida en cuadrícula por la llanura, que ha sabido conservar, sin embargo, sus señas de identidad santiaguesas.

La *Rúa Maior* arranca en cuesta junto a la iglesia de *Santa Marina,* de estilizado chapitel nórdico y fábrica del siglo XIX, que sustituyó a la primitiva románica. Es una calle peatonal, estrechita, llena de carácter, que recuerda a la de algunas "vilas" portuguesas. Pasado el edificio de las *Casas do Concelo* se alcanza el *Hospital de Peregrinos de San Antonio,* en la actualidad Juzgados, cuyo gran protector, don Dionís de Castro, de Portugal, era hijo del marqués de Sarria. En este edificio se atendía a los que, regresando de su peregrinación, mostraban los sellos oficiales, por lo que se les daba posada y ocho maravedises.

Enfrente, en lo alto de la cuesta, se halla la *iglesia del Salvador,* románica del siglo XI, con una sola nave y un ábside. En el muro septentrional, que da al camino, se abre una puerta apuntada con una tosca representación de Cristo, de influencia nórdica. En este templo se veló el cadáver del rey Alfonso IX de León, que falleció en Sarria cuando se dirigía en peregrinación a la ciudad del Apóstol. Desde aquí trasladaron su cadáver de noche, en cuatro jornadas, a la fría luz de los hachones, para enterrarlo junto al de su padre, en la capilla de las reliquias de la catedral compostelana.

Saliendo de Sarria hacia Barbadelo, todavía es posible encontrar estampas de la Galicia tradicional.

Los restos del *castillo de los Castro,* conde de Lemus, se ubican en una vecina propiedad privada, cercada por un muro, ocultos entre abundante vegetación. Siguiendo por la calle de la derecha, tras cruzar el área de la feria, daremos, ya cuesta abajo, con el *Hospital y Convento de la Magdalena,* entre jardines. Fundado en el siglo XIII, fue también Hospital de Peregrinos de la Orden de San Juan. Posee valiosos elementos románicos y góticos, como la iglesia en la que está enterrado el maestre Nuño Álvarez Gaitián, correspondiendo la fábrica exterior del edificio al gusto plateresco y barroco. En el interior, plantado de hortensias, dalias y rosas, hay un claustro arcaizante de factura medieval, muy bello, tosco y lleno de carácter.

Tímpano de la iglesia románica de Santiago, en la aldea de Barbadelo, de una deliciosa rusticidad.

Página anterior:
Barbadelo.
A la caída de la tarde, un peregrino llega al templo dedicado al Apóstol.

Enfrente, junto a los muros del camposanto, el camino desciende bruscamente hasta el valle del río Celeiro, que cruza por un puente medieval de piedra, el *ponte áspero,* románico de cuatro arcos.

En esta villa de Sarria, nacieron personajes señalados, que otras ciudades, más importantes, los hicieron suyos. Fray Luis de Granada, por ejemplo, que toma el nombre de la ciudad andaluza, donde llegaría con sus padres siendo niño tras su conquista por los Reyes Católicos. También era natural de Sarria el artista Gregorio Fernández, del siglo XVII, que supo captar la profundidad de toda "el alma castellana", cuya obra se puede admirar en el Museo de Escultura de Valladolid.

Desde el río Celeiro, el camino sube hasta **Barbadelo,** una aldeíta entre maizales, carballos y álamos que guarda todo el sabor medieval. Está presidida por el macizo bloque de granito de su iglesia románica del siglo XI, dedicada a Santiago. Posee una torre de tres cuerpos y dos portadas, al norte y al oeste, con representaciones esquemáticas del Salvador, bajorrelieves fantásticos de animales y plantas. El cementerio, un poco patético, repleto de nichos y cruces, la rodea.

Portomarín, en la cima de una colina, sobre el largo puente y las aguas esmeralda del embalse de Belesar, con sus tejados azules de pizarra y la acastillada iglesia románica de San Nicolás en la cima, presenta una estampa antigua, gallarda y fiera, difícil de olvidar.

El embalse de Belesar inundó, en los años sesenta de este siglo, la histórica villa de Portomarín, llena de recuerdos santiaguistas. Estaba construida en las dos orillas del Miño.

Nada tan lejos de la realidad: Portomarín es un sueño romántico moderno, una recreación de 1965, cuando las frías aguas del Miño y del Loio inundaron la villa primitiva, la auténtica, uno de los principales hitos del Camino Francés a Compostela.

El Miño se cruzaba aquí desde tiempos de los romanos, que tendieron un largo puente de piedra. Puente que fue destruido por la reina doña Urraca, y vuelto a levantar hacia 1120 por Pedro Peregrino. Seis años más tarde, Alfonso VII confirma una donación de su madre al constructor, y de un hospital para romeros junto a él.

Portomarín, que fue encomienda de los Caballeros de Santiago y de San Juan, estaba formado por dos barrios de casas de piedra cubiertas de pizarra. Asomados a la vieja puente sobre el Miño, parecían mirarse y darse calor. En las amanecidas de los fríos días de invierno, un pálpito de vida –el humo de los hogares, el chirriar de las carretas, los rebuznos del burro en la cuadra, el marti-

El moderno Portomarín fue levantado en lo alto de una colina, sobre el embalse. Aquí se reconstruyeron los más importantes monumentos de la villa medieval, como las iglesias de San Nicolás y de San Pedro.

lleo del herrero en el yunque– surgía de la villa somnolienta, desperezándose, hacia el nublado firmamento.

Los dos barrios eran San Pedro, en la ribera izquierda del Miño, y San Nicolás, en la derecha. El escritor irlandés Walter Starkie, peregrino en los años cincuenta de este siglo por el entonces "inédito" Camino de Santiago, nos habla con emoción del viejo pueblo –sumergido más tarde en las frías aguas del embalse– y del "párroco de Portomarín", describiendo a un humano y jocundo cura rural que nos hace recordar las posteriores páginas del famoso escritor inglés Graham Green en su "Monseñor Quijote".

Don Diego, el vicario, era amante de la buena mesa, de los placeres sencillos, y no se avergonzaba de poseer la más bella casa del pueblo, con jardín, huerta, maíz y viñas. Don Diego guiaría al escritor por las curiosidades y monumentos del lugar. "Su única afición es la hermosa iglesia de San Nicolás, del siglo XIII –escribe Walter Starkie–, que proporciona al viajero por adelantado el sabor de la iglesia del Apóstol, porque muchas de las decoraciones y figuras son copias del Maestro Mateo, que dirigió los trabajos de Compostela desde 1178 hasta 1217. Don Diego empezó por llevarme a la puerta sur del templo, donde está el tímpano de San

Portomarín. Iglesia de San Pedro, reconstruida junto al parque. Conserva su portada romanica y una espadaña barroca. Fue consagrada el año 1182 «en honor de la bienaventurada María y de los santos Pedro, Cosme y Damián», según reza una inscripción.

Nicolás, con los brazos extendidos, entre dos acólitos que muestran su báculo pastoral y un libro... El pórtico del oeste, enmarcado por tres arquivoltas, presenta una preciosa imaginería, con los veinticuatro ancianos del Apocalipsis".

La iglesia de San Nicolás, trasladada piedra a piedra hasta su actual emplazamiento en lo alto de la colina, es un volumen prismático de airosas proporciones, coronado de almenas. Ello nos hace pensar que sin duda formaría parte de un castillo palacio o de alguna encomienda caballeresca. Junto al templo, Juan Piñeiro levantó en el siglo XV un hospital de peregrinos, del que nada resta, salvo una inscripción guardada en el museo de Lugo.

La *iglesia de San Pedro,* de 1182, con sencilla portada románica, coronada por una airosa espadaña barroca, ha sido reconstruida junto al parque en el moderno Portomarín. También han sido trasladados el *Pazo de Berbetoros* y la *Casa del Conde.*

La aldea de **Ligonde** fue encomienda de Santiago y tuvo un buen hospital que acogió a personalidades como Carlos V y Felipe II. Junto a un *cruceiro* de piedra se conserva un viejo cementerio de peregrinos. Sabido es que la boscosa Galicia era lugar proclive a los trasgos, elfos, brujas, duendes y demonios. Éstos solían aparecerse en los sitios donde se juntaban los senderos, proponiendo, con gran aparato, asuntos disparatados y fantasiosos, pero siempre fuera de norma. Por ello, en estos lugares se levantaban los *cruceiros,* para alejar con su presencia al Maligno y sus trapacerías.

Página siguiente:
Portomarín. Fachada occidental de la iglesia románica de San Nicolás, que formaba parte del solar de los Caballeros de San Juan. La escultura de las arquivoltas y tímpano se ha relacionado con el taller del Maestro Mateo.

Vilar de Donas, situado en una amplia meseta, bien merece su visita. Es un enclave apartado y bucólico, paradigma de la paz campesina, adornado de altos robles y castaños, tapizado de mullidos y verdes prados donde pacen rebaños de vacas.

Una iglesia románica de granito gris, con preciosa portada, bellos herrajes en la madera y claustro exterior, es lo que queda de su famoso monasterio. Pues en 1184 se instalaron aquí los Caballeros de la Orden Militar de Santiago. El interior del templo, un poco abandonado, conserva el encanto antiguo. Vemos sepulcros de caballeros, un templete mortuorio de regusto oriental, y un pequeño retablo de piedra. En el ábside pueden contemplarse, un poco desdibujadas, unas pinturas murales del siglo XIV representando dueñas o *donas*. El apartado "vilar" fue lugar de estancia y reposo de las *donas*, esposas de los caballeros santiaguistas, durante las largas ausencias de éstos o en su viudez. Álvaro Cunqueiro cantó en su picante poesía, a estos personajes trovadorescos:

Ei, donas do Vilar!
Erguede os finos rostros e sorride
Que andan galáns de corte
Con soedades de vós!
Agás que prefirades velos morrer de amor.

Palas do Rei, antaño lugar importante, es población moderna de la que han desaparecido casi todas sus señas de identidad, exceptuando el pórtico románico de San Tirso.

Portada de la iglesia de Vilar de Donas y una escena del lugar. La construcción del templo que hoy podemos ver se inicia en 1224, cuarenta años después de que la familia Monterroso hiciera una donación a los Caballeros de Santiago.

Un paisaje encantador enmarca el castillo gótico de Pambre.

El **castillo de Pambre,** a unas tres leguas de Palas, es una de las fortalezas más nobles y hermosas de toda Galicia. Envuelta por un castañar, entre prados y sauces, levanta cuatro gallardas torres esquineras y una más alta, del homenaje. Una estampa inolvidable, digna de cualquier fantasía caballeresca. Fue construido en el siglo XIV por Gonzalo Ozores de Ulloa, y en ella vivieron sus descendientes. Cuentan las historias que estos nobles se comportaban como los "buenos de la película", auxiliando a los peregrinos de Santiago, mientras sus vecinos, los castellanos de Felpós, asaltaban a los romeros.

Pasaba un día ante el castillo de Pambre un nutrido cortejo caballeresco francés, camino de Compostela. En él viene un rubio y apuesto galán, herido en el asalto de unos bandoleros. El señor de Pambre le ofrece alojamiento y son sus dos hijas quienes le atienden con solicitud. Sana al fin el caballero, y tras una larga convalecencia, en la que no faltan juegos de ingenio, parte para

Mélide. Casas do Concelo y cruceiro, junto a la iglesia de San Pedro.

Santiago, dispuesto a cumplir su voto. Ha dejado conturbado el corazón de las dos doncellas. El final del relato admite varias versiones. La clásica dice que a su regreso de Compostela, el rubio galán se casa con la doncella más joven, que era morenita y muy simpática. Su hermana, más vanidosa y compuesta –se hacía teñir el cabello de rubio platino– contempla melancólicamente desde una almena cómo los enamorados parten hacia la dulce Francia. Para dar un poco de morbo al asunto, la leyenda la hace morir de pena.

Mélide (o Mellid), en un cruce de caminos, centro geográfico de Galicia, es una población bulliciosa, inquieta, siempre viva. Los mercadillos de frutas y verduras, de artesanía, de ropa, de baratijas llenan sus calles, incluso en los días de fiesta, pues los comercios nunca cierran. En la plaza, junto a la barroca *capilla de San Antonio* y las *Casas do Concello,* los feriantes han montado sus tingladillos, las mercaderías brillan y se agitan al viento como banderolas; hay una mescolanza extraña de gallegos rubios y oscuros, de gitanos, negros y rifeños. A la entrada de la villa, junto a una casa en construcción, utilizada como merendero improvisado, cuece el pulpo con su caldo rojizo, bullendo en grandes perolas de cobre. Señoras de la vecindad y peregrinos hacen cola para comprar las abundantes raciones, que, servidas en platos de madera, serán aderezadas con pimentón, sal gorda y aceite.

En Mélide el Camino Francés a Compostela se juntaba con el de los peregrinos que llegaban por vía marítima a Oviedo y conti-

Página siguiente:
Mélide es una pequeña ciudad comercial, al estar situada en un cruce de caminos. Calles y plazas aparecen llenas de mercadillos de ropa, calzado y bisutería.
Los campesinos ofrecen productos de la huerta, sus aves de corral. Cuece el pulpo en grandes perolas de cobre, para celebrar la fiesta.

Mélide. Portada románica abocinada de la capilla de San Pedro.

nuaban a pie por Mondoñedo, Villalba y Parga. Fue sede de la casa matriz en Galicia de la *Cofradía Hospitalaria del Sancti Spiritus*, cuyo convento se conserva transformado por el tiempo. De su hospital –fundado por Fernán López, notario de esta villa, y su mujer Aldera González, en el año 1375– tan sólo queda una inscripción en caracteres góticos.

En el centro urbano, junto al parque, se halla la *capilla de San Pedro*, que guarda una hermosa y cumplida portada románica. Saliendo de la población, camino de Compostela, a la izquierda, un suburbio rural acoge la sugerente *iglesia de Santa María*,

Mélide. Iglesia románica de Santa María.

del siglo XII, rodeada por un cementerio y guardada por cuatro gallardos cipreses. De bella y recia factura, presenta los matices grises de la piedra y los dorados del liquen. En su interior, unas pinturas murales de finales del gótico, hacia la cabecera del edificio, muestran escenas litúrgicas. (Por desgracia, la llave del templo suele estar en poder del cura, que aparece poco por la parroquia.)

Los peregrinos, tras dormir en el Hospital del Sancti Spiritus –que poseía doce camas, pudiendo ser compartidas– caminaban con las luces del alba hasta esta iglesia de Santa María, para oír, con el canto de los pájaros, la primera misa.

Paisaje tradicional cerca de Lavacolla. Centenarios robles y verdes praderas.

En **Castañeda** existían unos hornos que producían cal para la basílica compostelana. Aquí los peregrinos medievales dejaban la piedra que habían transportado en sus zurrones desde Triacastela.

Lavacolla, ya cerca de Santiago, era un arroyo de aguas cristalinas, donde los romeros se detenían para lavarse y poner en orden sus pobres vestiduras. Una especie de ritual de purificación, para caminar, limpios y en paz, las escasas leguas que les faltaban antes de alcanzar el Sepulcro del Santo. "Aquí, en este lugar frondoso —nos cuenta Aymeric Picaud—, los peregrinos de nacionalidad francesa, se quitaban la ropa, y por amor al Apóstol se lavaban sus partes y también la suciedad de todo el cuerpo."

El **Monte del Gozo** o *Monxoi* permite contemplar, por primera vez, desde su escasa altura, las soñadas torres compostelanas. El momento era esperado durante todo el viaje, y los peregrinos, poseídos de un extraño frenesí, corrían ladera arriba para alcanzar la cima. Al que primero llegaba se le nombraba "Rey" del grupo. Muchos apellidos franceses y españoles —Roy, Leroy, Rey— provienen de haber vencido en este mágico momento. Los peregrinos, postrados de rodillas, emocionados, prorrumpían en un Te Deum de acción de gracias, entonando las rudas estrofas medievales del canto de Ultreia.

Desde el Paseo de la Herradura, la catedral domina con sus torres la ciudad.

Santiago de Compostela, la ciudad soñada, el origen y final del largo viaje, ceñida por los humildes caudales del Sar y del Sarela, se corona de torres y campanas, que llenan de gravedad y júbilo una atmósfera impregnada de silencios. En el centro, la bellísima *catedral* con el Sepulcro del Apóstol, adornada con seis torres, vestida con cinco fachadas, rodeada por cuatro grandes plazas. La mayor y más famosa de todas ellas, a poniente del templo, parece haber cristalizado el devenir de la historia en el granito gris de sus sillares, en el oro de sus líquenes.

La gran explanada contempló el trabajo de los canteros que labraron la piedra para levantar la basílica, habilitando allí mismo un gran taller —"obradoiro" en gallego— que daría nombre a la plaza y a la fachada mayor de la catedral. En la actualidad sigue siendo lugar de encuentro de las gentes: de los felices peregrinos que han cumplido su promesa, de los viajeros y turistas llegados de todos los rincones del mundo. La animación y el bullicio nunca faltan. En los días señalados sirve como incomparable escenario para las grandes celebraciones. El mérito de este espacio urbano es haber conseguido una perfecta armonía entre los estilos artísticos de los cuatro grandes edificios que lo enmarcan: el Hospital Real, el Palacio de Rajoy, el Colegio de San Jerónimo y la Catedral.

Esta *plaza del Obradoiro* se asociaba, haciendo gala del fino humor gallego, con el difícil tránsito de una vida a la otra: Muerte, Juicio, Infierno y Gloria. Muchos peregrinos, tras alcanzar sus anhelos, morían agotados en el Hospital Real. En el palacio de Rajoy se imponía justicia y también era cárcel. El colegio de San Jerónimo resultaba un infierno de profesores y exámenes. La Catedral nos recibía, al fin, con el pórtico de la Gloria, del Maestro Mateo.

La *fachada del Obradoiro,* proyectada en 1738 por Fernando de Casas y Novoa, fue construida a mediados del siglo XVIII para proteger este maravilloso pórtico románico. También se quiso dar vuelo y gracia, según los fantasiosos gustos de la época, a las torres medievales que cerraban la basílica por el lado de poniente. La fachada resultó como un gran retablo de piedra, donde florece el granito. Nada se deja sin labrar, hay un claro "horror vacui" que caracteriza el estilo. Abundan las hornacinas, esculturas, pináculos y adornos. En lo alto del templete central se representa la glorificación por los santos del Apóstol Santiago, que lleva hábito de peregrino y es ofrendado por reyes. Las dos torres barrocas se alzaron sobre las románicas, vistiendo su piedra. La de la derecha se denomina "de las campanas", porque guarda en su interior trece campanas de diferentes tamaños y sonidos. La de la izquierda es "la carraca", pues disponía de un extraño instrumento que estremecía con su estrépito a la ciudad durante los días de Semana Santa. Estas preciosas torres fueron comparadas por Gerardo Diego con "dos lirios de ensueño, disparados hacia el cielo".

Santiago de Compostela. La plaza del Obradoiro es una de las más bellas y famosas del mundo. El fotógrafo y la tuna ante las escalinatas de la catedral.

Página siguiente:
Fachada del Obradoiro, con su granito dorado por los líquenes.

Santiago de Compostela. Peregrinos ante el Pórtico de la Gloria.
Una campesina, cumpliendo un viejo rito, pone su mano en la columna del Apóstol.

Desde la plaza del Obradoiro se sube por una escalinata barroca, dejando abajo la cripta que soportará el tramo final del edificio, hasta el nivel del templo. El *Pórtico de la Gloria* aparece de pronto como un gran conjunto escultórico poseído de una sobrecogedora belleza. Está repleto de figuras que nos miran, se miran y parecen dialogar entre sí. El claroscuro de las cristaleras da movimiento a estos personajes en piedra que traslucen el oculto sentir medieval de los últimos años del románico. Obra cumbre del arte cristiano, millones de peregrinos se han extasiado ante él, viendo compensados sus muchos trabajos y fatigas a lo largo de todo el Camino.

El pórtico, articulado en tres cumplidos arcos de medio punto, dividido el central por un parteluz, narra, con una potencia creadora llena de ternura y emoción, la glorificación de Cristo y de su Iglesia, en una visión apocalíptica repleta de simbolismos y de dobles lecturas. Las figuras en piedra, suavemente policromadas, sonríen como cómplices de los sentimientos del hombre que ha culminado su viaje por los difíciles caminos de la geografía y de su propia iniciación al Conocimiento.

En el tímpano figura el Salvador, que muestra las palmas abiertas de las manos y el pecho descubierto, rodeado por los Evangelistas y sus símbolos, de los Justos y Ángeles Turiferarios con instrumentos de la Pasión. En la arquivolta, conscientes de su secreto, reposan los Veinticuatro Ancianos del Apocalipsis, que muestran, junto con los instrumentos musicales, las redomas alquí-

Catedral de Compostela. El Pórtico de la Gloria.

micas. Debajo está el parteluz, con la maravillosa imagen de Santiago Apóstol, vestido de peregrino, apoyado en el árbol de Jetsé, llevando en su mano izquierda un bordón que se ha transformado en la Tau mistérica, en la luz de la Sabiduría.

Poco sabemos acerca del autor de esta maravilla, el Maestro Mateo, que estampa su firma al terminarla, en el año 1186. Posiblemente naciera en la ciudad galaica de Lugo y fuera hijo del "Magister Petrus", que rehízo la puente Miña, de Portomarín, en 1120. El autorretrato del Maestro Mateo figura en la parte interior del Pórtico de la Gloria, detrás del parteluz. Es una humilde figura,

de cabellera rizada, que está de rodillas mirando al altar mayor. Conocida popularmente como "O Santo dos Croques", tiene la virtud de transmitir su ingenio a las personas que se den tres coscorrones contra su cabeza.

La *Puerta de las Platerías,* del siglo XI, es la única que queda en pie de las descritas por Aymeric Picaud. Parece ser obra del Maestro Esteban, que argumentó también la fachada de San Isidoro de León. De una gran fuerza expresiva, destacan las escenas de la Creación del Hombre, la Pasión, Moisés con sus tablas, San Andrés y Santiago entre cipreses, y David tocando el arpa.

El Rey David tocando el arpa, en la fachada de las Platerías.

Santiago. Plaza de la Quintana y Puerta Santa.

La *Puerta Santa o del Perdón,* en la zona del ábside, solamente permanece abierta los Años Santos Compostelanos. Está coronada por una imagen barroca del Apóstol, con hábitos de peregrino, acompañado de sus discípulos Teodoro y Anastasio. A los lados aparecen veinticuatro deliciosas figuritas, que labrara para el coro el Maestro Mateo. La *Puerta Real o del Reloj,* bajo la torre de este nombre, con su columnata, pináculos y escudos, sería realizada por Juan de la Peña a mediados del siglo XVII.

El interior de la catedral es el mejor edificio románico que existe en España. Tiene planta de cruz latina, con el brazo del cru-

El Hospital Real fue fundado por los Reyes Católicos.

cero muy desarrollado, tres naves y girola, arcos de medio punto y bóveda de cañón. Bajo el altar mayor, barroco, recubierto de oro, se encuentra una pequeña cripta con los restos del Apóstol Santiago. Por miedo a que las reliquias fueran profanadas, se escondieron en tiempos de Gelmírez, el impulsor del edificio. Buscadas durante siglos, halláronse al fin en enero de 1879, siendo obispo de Compostela el cardenal Payá Rico.

Desde el auge de las peregrinaciones, en el siglo XII, la ciudad vio crecer el número de sus hospitales: de Santiago, de Santa Ana, de San Miguel, de San Lázaro, de Lovío, etc.

Santiago. Patio y sombra de un farol en el Hospital de Peregrinos, construido entre 1501 y 1511.

Los peregrinos, tras presentar el certificado, o "Compostelana", de haber cumplido sus votos, eran acogidos gratis, pudiendo quedarse de dos a cinco días, según la afluencia de extranjeros. Además los conventos daban de comer a determinadas horas. El sastre picardo Marnier, que llega a Santiago en noviembre de 1726, con hambre atrasada, anota en su diario distintos menús que tuvo la suerte de probar. En todos los sitios sirven sopa y pan. Algunos son más generosos, como el convento de San Martín "donde, a las doce, dan sopa, bacalao, carne y excelente pan, lo que es raro en esta provincia".

La mayor caridad se ejercía en el *Gran Hospital Real de Peregrinos,* situado al norte de la plaza del Obradoiro, convertido actualmente en hotel de lujo. Fue fundado por los Reyes Católicos cuando éstos visitaron Compostela en 1496, en cumplimiento de una promesa que habían hecho durante la guerra de Granada. Es un soberbio edificio articulado en cuatro grandes patios, llenos de paz y armonía, obra del arquitecto Enrique de Egas, y construido en la primera década del siglo XVI. La portada plateresca, un auténtico retablo en piedra de los maestros franceses Martín de Blas y Guillén Colás, aparece llena de adornos y personajes sagrados y profanos, incluyendo los cuerpos desnudos de Adán y Eva. Dos medallones representan a los fundadores, Fernando e Isabel, adornándose los laterales con grandes escudos de España.

Santiago. Rúa del Villar y plaza de las Platerías, desde las escalinatas de la catedral, con la Casa del Cabildo. La noche confiere un especial encanto a la ciudad.

La bellísima ciudad de Compostela recibió tres notables impulsos arquitectónicos correspondientes a tres épocas muy distintas. Su mérito consiste en haber sabido conjugar sus estilos artísticos de forma equilibrada e impecable.

El primer gran constructor sería el arzobispo Gelmírez, hombre de acción del siglo XII, que considera pequeño el templo dedicado al Apóstol y levanta la nueva catedral románica, que ha llegado hasta nuestros días, así como numerosos conventos e iglesias.

La familia Fonseca, con tres arzobispos, rige los destinos de la ciudad entre los siglos XV y XVI. A ella vienen los Reyes Católicos y más tarde Carlos V, para celebrar cortes. Es la época del esplendor del arte plateresco, del auge económico y cultural, creándose el "Estudio Viejo", que sería el embrión de la futura Universidad.

El tercer periodo corresponde a los tiempos barrocos, siglos XVII y XVIII. Se destruyeron entonces muchas huellas de las peregrinaciones, borrando las referencias de las antiguas luchas medievales. La ciudad convirtió sus espacios en majestuosos escenarios para las fiestas, representaciones teatrales y procesiones.

El antiguo Santiago guarda un urbanismo pétreo y encantador, detenido en el tiempo, con majestuosas plazas y estrechas calles peatonales enlosadas de granito. Palacios, conventos, iglesias se suceden, ensamblándose armónicamente con las mansiones burguesas de galerías y balcones, haciendo de la ciudad un solo monu-

Plaza y fachada de las Platerías, con la fuente de los Caballos.

mento. En los anocheceres lluviosos, los edificios iluminados se reflejan en sus losas, creando una sensación de irrealidad. La Rúa Nova y la Rúa del Villar, con sus soportales, sus librerías y cafés, tienen un pulso sosegado, señorial y provinciano. Paralela a ellas, menos compuesta pero más bulliciosa, corre la Rúa del Franco, o del peregrino francés. A esta calle, llena de bares, tabernas y restaurantes, se la conoce como "el Purgatorio" porque aquí es fácil olvidar las penas, probando los ricos caldos del Ribeiro, del Condado, del Rosal, contemplando los retablos barrocos de marisco que ofrecen los escaparates.

Santiago. Plaza del Toral, Rúa Nova y mercado.

Por la mañana, las plazuelas que rodean las iglesias de San Félix y San Agustín, cerca de la Universidad, se llenan de aromas campesinos. Las aldeanas, ante las grandes cestas de mimbre que han traído, colmadas de grelos, patatas, berenjenas, pimientos, pregonan las excelencias de su mercancía. Hay pirámides de quesos, conejos con las patas atadas, gallos, patos, pavos... Se regatea, se grita, mientras el afilador saca chispas de su rueda. Los puestos de fruta alegran con su colorido las paredes del vecino Mercado de Abastos, donde el mar y la tierra mezclan sus perfumes.

Santiago.
Vista desde el ábside de la colegiata.

La *Colegiata de Santa María del Sar*, fuera del antiguo recinto amurallado, se levantó junto al cauce de este modesto río, por el canónigo Munio Alonso, discípulo de Gelmírez y autor de la "Historia Compostelana". Unos potentes contrafuertes sujetan las paredes del esbelto templo románico, de tres naves y tres ábsides. Al estar construido en terrenos impregnados de humedad, el edificio fue descentrándose con el paso de los años, pero sin ceder nunca totalmente. La desviación de sus columnas, arcos y bóvedas hacen inquietante la visita. El pequeño claustro, con sus tumbas y flores, está impregnado de romanticismo.

Acantilados de Finisterre. Las estrellas han guiado a los peregrinos desde los puertos ásperos de los Pirineos hasta el Finisterre de Galicia. Aquí, consumando el rito, contemplan el atardecer en el mar.

Para muchos peregrinos el viaje no termina en Compostela. Es un Camino de Iniciación escrito sobre una ruta celta pagana, anterior al descubrimiento del Sepulcro del Apóstol. El resplandor de la Vía Láctea les indica que el mensaje perdura en el cielo. Guiados por sus luces, por el dibujo que hace el sol en el firmamento, prosiguen su marcha hacia Occidente.

Santiago va quedando atrás, en la altura, con sus torres difuminadas por la bruma. La ruta zigzaguea entre maizales y pinos, buscando la serenidad de la ría. **Noia,** junto a la desembocadura del Tambre, es una pequeña ciudad llena de carácter, que perteneció a la mitra compostelana, y fue su puerto natural durante muchos siglos.

Atravesando los magníficos panoramas de la ría de Muros y Noia, llegaremos al fin al mar abierto. **Finisterre,** el *Fisterra* gallego, ha dejado hace unos años de ser una pequeña villa marinera llena de encanto, para convertirse en un gran puerto pesquero. En las rúas de su parte vieja está la bonita *iglesia románica de Santa María,* con su milagroso Santo Cristo, que fue objeto de devoción de los romeros medievales.

Pocas leguas más allá se encuentra el *Cabo Finisterre,* un promontorio rocoso impresionante, lamido por la furia de las tempestades y de los vientos. Para los pueblos antiguos aquí terminaba la tierra y comenzaba el reino del mar, de lo desconocido. Era el confín del mundo, un lugar sagrado y terrorífico, que simbolizaba el paso de una vida a la otra.

Sentados en los peñascos de los acantilados del gran gigante de piedra, los peregrinos, ahora como entonces, dan por finalizado su largo viaje, contemplando cómo el disco solar se hunde lentamente en las brumas del Atlántico.

CONTENIDO

BIBLIOGRAFÍA

EL CAMINO DE SANTIAGO
GUIA DEL PEREGRINO
Elías Valiña Sampedro
Editorial Everest. León 1985

EL CAMINO INICIÁTICO
DE SANTIAGO
Juan Pedro Morín y Jaime Cobreros
Ediciones 29. Barcelona 1976

PRIEZ POUR NOUS
À COMPOSTELLE
Pierre Barret et Jean-Noël Gurgand
Libraire Hachette. París 1978

HISTORIAS DE COMPOSTELA
J. F. Filgueira Valverde
Edición Xerais de Galicia. Santiago 1970

LA RUTA SAGRADA
Juan G. Atienza
Ediciones Robín Book. Barcelona 1992

EL CAMINO DE SANTIAGO
LAS PEREGRINACIONES AL
SEPULCRO DEL APÓSTOL
Walter Starkie
Editorial Aguilar. Madrid 1958

LOS CAMINOS DE SANTIAGO
José Fernández Arenas
Editorial Anthropos. 1993

EL CAMINO DE SANTIAGO
Isidoro G. Bango Toviso
Espasa Calpe. Madrid 1993

GUIA DEL CAMINO DE SANTIAGO
Xosé Ramón Pousa
Biblioteca Gallega. La Coruña 1982

CURIOSIDADES
DEL CAMINO DE SANTIAGO
Juan Ramón Corpas Mauleón
El País-Aguilar. Madrid 1993

GUÍA DE LA ESPAÑA MÁGICA
Juan G. Atienza
Ediciones Martínez Roca. Barcelona 1991

LE CHEMIN DE SAINT JACQUES
DE COMPOSTELLE. Guide Pratique
du pelerin en Espagne.
George Bernés
Editions Randonnées Pyrénéennes. Tarbes 1989.

EL CAMINO DE SANTIAGO.
SIGUIENDO LA RUTA DE LAS ESTRELLAS.
EVOCACIONES Y LEYENDAS.
Alfredo Gil del Río
Ediciones Casset. Madrid 1993

SEGUNDA GUÍA DE LA ESPAÑA MÁGICA
Juan G. Atienza
Ediciones Martínez Roca. Barcelona 1982

LOS PUEBLOS MALDITOS
José Manuel Miner Otamendi
Espasa Calpe. Madrid 1978

LA PROVINCIA DE LEÓN
Antonio Viñayo
Editorial Everest. León 1968

ASTORGA Y LA MARAGATERÍA
Fernando Llamazares
Ediciones Lancia. León 1987

EL CAMINO DE SANTIAGO
EN COCHE Y LOS MEJORES TRAMOS
PARA HACERLOS A PIE
Diversos autores
Anaya Touring Club. Madrid 1998

GUÍA DE CASTILLA LA VIEJA
Dionisio Ridruejo
Ediciones Destino. Barcelona 1973

SANTIAGO DE COMPOSTELA
Diversos autores
Susaeta Ediciones. Madrid 1991

GUÍA SECRETA DE GALICIA
Juan Soto
Al-Borak. Madrid 1974

LEYENDAS RIOJANAS
Luis Vicente Elías Pastor
Editorial Everest. León 1990

GUÍA DE NAVARRA
Juan Ramón Corpas Mauleón
El País-Aguilar. Madrid 1991

GUÍA SECRETA DE NAVARRA
Fermín Goñi
Sedmay Ediciones. Madrid 1979

HISTORIA SOCIAL DE LA LITERATURA
Y DEL ARTE
Arnold Hauser
Ediciones Guadarrama. Madrid 1974

SANTIAGO DE COMPOSTELA
B. Varela Jacome y A. Rodríguez González
Editorial Everest. León 1989

VIANA, RUTA JACOBEA
Juan Cruz Labeaga Mendiola
Diputación Foral de Navarra 1983

EL CAMINO FRANCÉS A COMPOSTELA
EVOCACIONES Y LEYENDAS
Alfredo Gil del Río
Atheneum. Madrid 1990

ESPAÑA EN SU LITERATURA
Guillermo Díaz-Plaja
Salvat Editores. Barcelona 1979

PEREGRINOS JACOBEOS
Pedro M. Gutiérrez Eraso
Diputación Foral de Navarra 1983

NAVARRE ROMANE
Luis María de Lojendio
Zodiaque. L´Abbaye Sainte-Marie de la
Pierre-qui-vire. Yonne 1967

BURGOS
Felipe Fuente
Editorial Everest. León 1973

CAMINOS Y PEREGRINOS
Antonio Viñayo González
Editorial Isidoriana. León 1991

EL CAMINO DE SANTIAGO
Diversos autores
Confederación Española
de las Cajas de Ahorros. Madrid 1971

PAMPLONA
Miguel Sánchez-Ostiz
Ediciones Destino. Barcelona 1994

EL CAMINO DE SANTIAGO
Juan Subías Galter
Ediciones Aymá. Barcelona 1943

PUENTE LA REINA
Alejandro Díez y Díaz
Gobierno de Navarra 1987

LAS PEREGRINACIONES
A SANTIAGO DE COMPOSTELA
Luis Vázquez de Parga, José Mª Lacarra
Madrid 1949

GUÍA DEL CAMINO DE SANTIAGO
Jaime Cobreros
Ediciones Obelisco. Barcelona 1988

ARAGON ROMANE
Ángel Canellas-López
L´Abbaye Sainte-Marie de la Pierre-
qui-vire. Yonne 1971

LES CHEMINS DE SAINT-JACQUES
Saint Augustin et des Miracles de Saint
Jacques. Zodiaque. 1970

L´ART PRÉROMAN HISPANIQUE
Jacques Fontaine
L´Abbaye Sainte-Marie de la Pierre-qui-vire. Yonne 1977

DEL PIRINEO A COMPOSTELA
Gaspar Gómez de la Serna
Patronato Nacional del Camino de Santiago. 1965

EL CAMINO DE SANTIAGO
Yves Bottineau
Editorial Aymá. Barcelona 1965